A SERVIÇO DA REPRESSÃO_

ANA PAULA GOULART RIBEIRO
AMANDA ROMANELLI
ANDRÉ BONSANTO
FLORA DAEMON
JOËLLE ROUCHOU
LUCAS PEDRETTI

A SERVIÇO DA REPRESSÃO

GRUPO FOLHA E VIOLAÇÕES DE DIREITOS NA DITADURA

mórula
EDITORIAL

REVISÃO
Natalia von Korsch
Marilia Pereira

CAPA
Montagem sobre foto do Arquivo Nacional,
Fundo Correio da Manhã

CIP-BRASIL. CATALOGAÇÃO NA PUBLICAÇÃO
SINDICATO NACIONAL DOS EDITORES DE LIVROS, RJ
Elaborado por Gabriela Faray Lopes – CRB 7/6643

S514

A serviço da repressão: Grupo Folha e violações de direitos na ditadura / Ana Paula Goulart Ribeiro ... [et al.]. – 1. ed. – Rio de Janeiro: Mórula, 2024.

244 p. ; 21 cm.

Inclui bibliografia.
ISBN 978-65-6128-055-6

1. Folha de S. Paulo (Jornal) – História. 2. Imprensa e política – Brasil – História – Séc. XX. 3. Ditadura – Brasil – História - Séc. XX. 4. Brasil – Política e governo – 1964-1985. I. Ribeiro, Ana Paula Goulart.

24-94570 CDD: 079.81
CDU: 070(81)

Rua Teotônio Regadas 26 sala 103
20021_360 _ Lapa _ Rio de Janeiro _ RJ
www.morula.com.br _ contato@morula.com.br
morulaeditorial morula_editorial

Durante a finalização deste livro faleceram Celso Horta e Francisco Carlos de Andrade, o Chico Vieira. Agradecemos profundamente pela confiança e contribuição de ambos para a elucidação de parte sombria da história do Brasil.

NOTA INTRODUTÓRIA

Este livro contesta as "falas de si" que a Folha de S.Paulo faz sobre sua interação com o golpe e a ditadura de 1964. O intercurso havido entre seus representantes (Folha e ditadura) e suas vítimas jamais configurou um relacionamento pálido, remoto ou episódico, como a Folha expõe e pretende que se creia. Pelo contrário, ele foi intenso, amplo, duradouro, proativo e destrutivo de muitas vidas e da integridade física de várias pessoas, fossem estas "inocentes" ou enquadradas como adversárias e inimigas.

Considerando os fatos, dados e testemunhos que este livro apresenta, sugerimos que o leiam, façam sua própria avaliação do texto, e de tudo recolham o melhor para suas/nossas vidas.

Sim, vale a pena!

ROSA CARDOSO

Ex-coordenadora da Comissão Nacional da Verdade

SUMÁRIO

APRESENTAÇÃO

O GRUPO FOLHA, AS VIOLAÇÕES DE DIREITOS NA DITADURA E O INCONTORNÁVEL PASSADO

MARIALVA BARBOSA (UFRJ)

Ao começar rememorando o fato de a Folha de S.Paulo ter publicado, em 17 de fevereiro de 2009, um editorial cujo cerne era a crítica à eleição de Hugo Chávez na Venezuela, e neste texto ter se referido ao regime político ditatorial brasileiro inaugurado em abril de 1964, e que só terminaria 21 anos depois, como "ditabranda", ou seja, uma ditadura "branda" (como se isso fosse possível), o livro mostra, desde a primeira linha, que alguns acontecimentos históricos são da ordem do incontornável, do inominável, daquilo que não se pode esquecer, sob pena de apagar nossa própria humanidade. O "dever de memória" se torna, portanto, inegociável, e deve-se lembrar sempre este passado obscuro que, se não fosse o trabalho de pesquisa, não seria revelado.

Este é o cerne do livro que procura mostrar, em quatro capítulos, como o Grupo Folha atuou na violação de direitos na ditadura se colocando a serviço da repressão como ator-chave e executor de processos da mais inominável qualificação.

Como mostram logo na introdução, o editorial publicado em 2009 pelo jornal engloba uma série de discursos, que se atualizam sem cessar, e baseia-se na premissa de que o regime instaurado com o golpe de 1964 "não teria sido tão violento". Mais recentemente, vimos emergir os mesmos argumentos, com outros propósitos, não menos execráveis, em certa idolatria ao período ditatorial brasileiro levada a cabo por representantes políticos da extrema-direita no Brasil, capitaneada pelo ex-presidente Jair Bolsonaro, que fez e faz apologia à ditadura civil-militar instaurada em 1964 e homenagens a torturadores do período nas inúmeras vezes que se referiu e se refere, por exemplo, ao coronel Carlos Alberto Brilhante Ustra, que foi chefe do DOI-CODI.

Antes de tudo, o livro cumpre com o dever de memória de mostrar como o enquadramento que a Folha de S.Paulo produziu e levou o jornal a não ser identificado com a ditadura militar não corresponde, em nenhum momento, à sua ação efetiva de participação direta nas violações de direitos durante a ditadura. As profundas relações do jornal com o regime, como enfatizam os autores, não podem ser relativizadas nem muito menos esquecidas.

A questão principal que o livro procura mostrar é que além da sua atuação em posicionamentos políticos e editoriais, a Folha, como um corpo organizacional, colaborou diretamente com a repressão — "emprestando seus veículos para que o regime pudesse realizar, de forma mais eficiente, a captura e a perseguição de militantes políticos", por exemplo. Além disso, o Grupo Folha cedeu suas instalações para que agentes da repressão ali atuassem. Com isso, mostram os pesquisadores, a empresa se beneficiou economicamente e de maneira contundente do contexto instaurado pela ditadura.

O livro resulta de importante pesquisa que reuniu historiadores e estudiosos do jornalismo, e que foi vencedora de edital público do Centro de Antropologia e Arqueologia Forense (CAAF/Unifesp), com apoio do Ministério Público Federal (MPF). Este edital selecionou grupos de pesquisa para investigar dez empresas suspeitas de colaborar com o regime, às quais se juntaram, posteriormente, mais três empresas. A única do setor de comunicação foi a Folha de S.Paulo.

O livro é produto, portanto, do trabalho desta equipe, que durante dois anos buscou documentos inéditos e realizou, ao todo, 44 entrevistas, com mais de 100 horas de gravação, procurando diálogos memoráveis com uma enorme diversidade de pessoas que pudessem esclarecer a colaboração do Grupo Folha com a repressão. Foram entrevistados jornalistas e trabalhadores do grupo que foram perseguidos, alguns que foram monitorados e outros que foram presos em seus ambientes de trabalho. Diversos profissionais testemunharam sobre a estreita relação dos dirigentes do jornal com a repressão. Houve também os que narraram terem sido presos em operações que envolveram veículos do Grupo Folha. As entrevistas incluíram agentes do DEOPS-SP e do DOI-CODI, aparatos centrais da repressão durante a ditadura, que confirmaram a colaboração do grupo com o regime e o modus operandi das ações que empreendiam na chamada "caça aos terroristas".

O resultado não poderia deixar de ter a importância de que a obra se reveste: um livro que aciona a luta contra o esquecimento de momentos-chave da nossa história e coloca marcas indeléveis na sua projeção como expectativas de futuros possíveis, em que ações contra a democracia não podem ser silenciadas.

Do ponto de vista de uma história da imprensa, o livro tem, ainda, outros qualificativos, em que se destaca a perspectiva metodológica inovadora, na qual a memória se torna centro propulsor de ingresso num passado como abertura fundamental em direção a ele — e, mais do que isso, como certificação de que houve um passado.

Mesmo submetido aos enquadramentos e às ingerências do presente, o ato memorável como recurso testemunhal/documental revela as fímbrias narrativas de um tempo que permanece durando, em função do incontornável passado.

Assim, como um acontecimento incontornável, o regime ditatorial brasileiro produziu muitas marcas, enfeixadas pelo antidemocrático, que não podem e não devem permitir o esquecimento. Dessa forma, é um passado que não pode ser submetido a novos contornos. E é isso que o livro mostra, construindo, pela pesquisa, uma espécie de mapa das ações de violação contra os direitos humanos produzidas pela Folha de S.Paulo, entre outras empresas, como um acontecimento que assim se qualifica como sendo o incontornável do passado.

Além das entrevistas, os autores se debruçaram numa infinidade de documentos consultados em acervos públicos que guardam essa documentação dos órgãos da repressão, como o arquivo do Sindicato dos Jornalistas Profissionais no Estado de São Paulo, nos quais também identificaram abusos em relação aos direitos dos trabalhadores, descritos igualmente no livro. Completa o corpus de análise uma minuciosa pesquisa dos jornais do Grupo Folha, como o leitor poderá verificar ao folhear as páginas que se seguem.

O livro se estrutura em quatro capítulos que seguem as frentes abertas pela investigação sobre formas e conteúdos das violações de direitos humanos durante a ditadura perpetradas em diversas ações pelo Grupo Folha, agrupados em três grandes eixos de análise (que também foram norteadores do projeto): os benefícios econômicos; o apoio e a cooperação com ações de repressão; e os danos causados aos trabalhadores.

Assim, o primeiro capítulo, ao mesmo tempo que apresenta um histórico do Grupo Folha, mostra o contexto político que beneficiou diretamente os empresários à frente do grupo, de forma a constituí-lo como um dos maiores conglomerados de mídia do país.

Na sequência, o segundo capítulo destaca os elementos de apoio editorial e de colaboração ao regime militar, mostrando como o Grupo Folha participou ativamente das conspirações e articulações que antecederam o golpe de 1964 e, sobretudo, o suporte dado pelo grupo ao regime autoritário que se estendeu muito além do apoio editorial, frequentemente lembrado em outras análises.

Segue-se o terceiro capítulo, em que o foco são os trabalhadores e outras vítimas das violações praticadas, de maneira direta ou indireta, pela empresa. E, por fim, no último capítulo, o quarto, os autores tecem considerações finais sobre os benefícios econômicos, as violações de direitos e a responsabilidade empresarial do Grupo Folha, abrindo uma brecha reflexiva e efetiva sobre formas possíveis de reparação.

Entremeiam cada um dos capítulos muitas falas dos entrevistados. São testemunhos de ações inconcebíveis quando se preza a liberdade democrática e o direito de expressar opiniões e divergências. Em tempos ditatoriais isso não é possível. São cenas de mortes ocorridas no interior dos organismos de repressão, como o DOI-CODI, mas que nas páginas da Folha de S.Paulo apareciam escamoteadas por outros pretensos fatos jornalísticos, como um tiroteio não existente — "Vocês morrem e nós damos a versão que queremos para a morte". A frase do torturador ecoada pela memória da depoente mostra o envolvimento atávico do grupo com a repressão desde a produção de fatos noticiosos eivados de mentiras (diríamos hoje *fake news*) até ações mais diretas, que se resumem à violação de direitos durante todo o período ditatorial brasileiro.

Muitas outras violações de direitos aparecem descritas no livro, como a atuação de agentes da repressão que se transformavam em funcionários do grupo. Também há referência ao empréstimo dos carros da Folha para os órgãos de repressão — muito mencionado, segundo os autores, mas pouco investigado. Vozes que ecoam no livro descrevem, em várias passagens, detalhes de cenas dos carros estacionados dentro do DOI-CODI.

São vozes, portanto, privilegiadas pela escuta atenta dos autores, que, mais do que contar histórias, exercem um trabalho duradouro de memória, fazendo ecoar o passado no presente, para através do papel de testemunha dizerem (e uso aqui expressões de Paul Ricoeur) "eu estava lá", "por favor acreditem em mim" e, caso não acreditem, "perguntem a outras pessoas" que também estiveram lá.

São incontáveis os que estiveram lá, e em várias situações, atestando a existência de um passado que apresenta cenas que, muitos gostariam, pelos mais variados motivos, verem varridas de suas memórias. Uns pela dor que a memória traumática produz; outros, pela certeza de que, se ninguém falar, há não apenas a possibilidade de apagar o passado, mas sobretudo de dar outra interpretação a ele: como aquela de uma ditadura que teria sido tão branda que foi chamada de "ditabranda", como remarca os autores do livro nas primeiras linhas do seu texto.

Por tudo isso, este livro torna-se também testemunha de uma pesquisa desenvolvida com seriedade, para que o período ditatorial brasileiro e suas ações de violação de direitos não sejam nunca esquecidos. E é em função desta luta contra o esquecimento, que também pode ser "comandado", que a pesquisa foi feita e é agora entregue ao leitor, que, ao ler cada um dos capítulos, ingressará numa cadeia de eventos e significações em favor da liberdade e da justiça.

INTRODUÇÃO

Em 17 de fevereiro de 2009, a Folha de S.Paulo publicou um editorial criticando a eleição de Hugo Chávez na Venezuela e, em certo momento do texto, comentou sobre o regime político que vigorou no Brasil entre abril de 1964 e março de 1985, chamando-o de "ditabranda". A ideia que o jornal buscava expressar com o neologismo era clara. Ao trocar "dura" por "branda", sugeria que a atuação da ditadura militar no Brasil fora mais leve, menos violenta do que a de outros países latino-americanos, como Chile, Uruguai e Argentina.

A reação foi imediata. Jornalistas e intelectuais criticaram a expressão. O próprio jornal publicou trechos de algumas cartas enviadas à redação, como as dos professores da Universidade de São Paulo (USP) Maria Victoria Benevides e Fábio Konder Comparato. Benevides afirmou que se tratava de uma infâmia, porque no que diz respeito à "violação de direitos humanos, a medida é uma só: a dignidade de cada um e de todos, sem comparar 'importâncias' e estatísticas". Comparato escreveu que o autor do editorial e o diretor que o aprovou "deveriam ser condenados a ficar de joelhos em praça pública e pedir perdão ao povo brasileiro, cuja dignidade foi descaradamente enxovalhada"[1].

A Folha publicou, ao final dos trechos das cartas, uma nota da redação afirmando respeitar a opinião dos leitores que discordavam da expressão, mas que considerava a indignação dos professores Benevides e Comparato "cínicas e mentirosas", já que se tratava de figuras públicas que nunca expressaram repúdio a ditaduras de esquerda, como a cubana. Nos dias seguintes, o debate se estendeu em fóruns de discussão na internet e em artigos publicados na imprensa. Em 7 de março, houve uma manifestação, com a participação de cerca de 300 pessoas, em frente à sede da Folha. Nesse dia, Otávio Frias Filho divulgou uma nota em que admitia que o uso da expressão "ditabranda" havia sido um erro, uma vez que todas as ditaduras são abomináveis. O então diretor de redação, no entanto, insistiu que a ditadura militar brasileira foi menos repressiva que as congêneres argentina, uruguaia e chilena[2].

A polêmica aos poucos foi se enfraquecendo, mas o termo "ditabranda" nunca mais saiu do debate público brasileiro. Até mesmo porque, daquela conjuntura em diante, a questão da ditadura passou a ocupar cada vez mais espaço na arena pública. De fato, 2009 não era um momento qualquer nas discussões sobre o regime autoritário no Brasil. Em julho do ano anterior, havia ocorrido uma audiência pública no Ministério da Justiça, com o intuito de debater estratégias jurídicas voltadas para a revisão da Lei de Anistia. Em outubro, como resultado do encontro, a Ordem dos Advogados do Brasil (OAB)

---

1. Painel do Leitor. *Folha de S.Paulo*, 20 de fevereiro de 2009. Disponível em: **https://www1.folha.uol.com.br/fsp/opiniao/fz2002200910.htm**. Acesso em: agosto de 2024.

2. Folha avalia que errou, mas reitera críticas. *Folha de S.Paulo*, 8 de março de 2009. Disponível em: **https://www1.folha.uol.com.br/fsp/brasil/fc0803200907.htm**. Acesso em: agosto de 2024.

ingressou com uma ação no Supremo Tribunal Federal (STF) para questionar a validade da lei de 1979. Em dezembro, foi realizada a 11ª Conferência Nacional de Direitos Humanos, que daria origem ao 3º Programa Nacional de Direitos Humanos (PNDH-3), instituído por decreto em dezembro do ano seguinte, trazendo, pela primeira vez, um eixo sobre o direito à memória e à verdade — com a sugestão da criação de uma Comissão Nacional da Verdade e Justiça.

Em março de 2009, a Comissão Interamericana de Direitos Humanos (CIDH) submeteu o caso "Guerrilha do Araguaia vs. Brasil" à sua instância superior, a Corte Interamericana de Direitos Humanos (Corte IDH). Já em maio, seria estabelecido o Centro de Referência Memórias Reveladas no âmbito do Arquivo Nacional, como resultado de intensas discussões públicas acerca do que fazer com os arquivos da ditadura. Em 2010, o STF julgou a ação da OAB e considerou a Lei de Anistia válida. Por sua vez, a Corte IDH condenou o Brasil no caso "Guerrilha do Araguaia", determinando, dentre outras coisas, que a Lei de Anistia não poderia ser utilizada como forma de garantia da impunidade dos torturadores. No mesmo ano, em meio a esses intensos debates, o presidente Luiz Inácio Lula da Silva apresentou o Projeto de Lei 7.376/2010, que tinha o objetivo de criar a Comissão Nacional da Verdade (CNV).

Fevereiro de 2009, portanto, era o olho do furacão dos debates públicos sobre as violações de direitos humanos perpetradas pela ditadura — e, principalmente, sobre o que fazer com os legados dessas violações. E foi nesse contexto que a Folha de S.Paulo sugeriu que o regime vivenciado pelos brasileiros a partir do golpe de Estado de 1964 teria sido uma "ditabranda". Em meio a um processo de construção de uma crítica pública ao regime autoritário, que envolvia debates como a revisão da Lei de Anistia e a criação da Comissão Nacional da Verdade, a Folha foi o primeiro ator com espaço relevante no debate público a relativizar abertamente o caráter violento da ditadura brasileira.

E, na medida em que esses debates avançaram e se consolidaram com o trabalho da CNV, entre 2012 e 2014, também foram ganhando espaço os discursos que legitimavam ou mesmo reivindicavam como positivas as graves violações aos direitos humanos perpetradas naquele período. É evidente que o editorial da Folha não é a origem dessas ideias[3]. Mas é preciso ressaltar que todos esses discursos estão assentados, em alguma medida, na mesma premissa que sustenta a noção de "ditabranda": a de que o regime instaurado com o golpe de 1964 não teria sido assim tão violento.

À época, algo talvez tenha surpreendido quem acompanhava o debate: o fato de tal posicionamento ter vindo precisamente da Folha. De alguma forma, na memória coletiva — em especial no meio progressista e de esquerda —, o jornal não era identificado com a ditadura militar. Pelo contrário, era lembrado pelas suas posições em defesa do processo de democratização, em especial pelo seu apoio entusiasmado à campanha das Diretas Já, uma das maiores mobilizações populares contra o regime autoritário.

No entanto, essa foi uma imagem cuidadosamente construída, a partir de um amplo e eficiente trabalho de enquadramento da memória que a Folha promoveu desde o período da redemocratização por meio de diferentes narrativas autorreferentes: editoriais, edições comemorativas, livros institucionais. Um dos efeitos desse trabalho foi fazer com que as profundas relações do jornal — ou, melhor dizendo, da empresa — com o regime, por ela caracterizado como "ditabranda", fossem esquecidas ou relativizadas (Bonsanto, 2014; 2021; Meneses, 2016).

---

3. A própria expressão "ditabranda" não foi uma invenção da *Folha*. O termo já tinha sido usado na Espanha para se referir ao governo do general Dámaso Berenguer (1930-1931), que substituiu o general Primo de Rivera e revogou algumas medidas adotadas pelo ditador anterior.

A narrativa oficial, construída paulatinamente a partir da gestão de Octavio Frias de Oliveira e de Carlos Caldeira Filho, empresários que assumiram o controle da Folha em 1962, pode ser resumida a partir da seguinte perspectiva: apesar de seu apoio ao golpe militar, o jornal logo se tornou resistente — quando não, vítima da ditadura. Nesse período de truculência, a empresa passava por dificuldades financeiras e nada poderia fazer a não ser reestruturar-se administrativamente, atuando de forma discreta e até mesmo distanciada dos acontecimentos de seu tempo. Foi somente após a conquista de sua autonomia econômica que o jornal pôde assumir um posicionamento político mais claro, tornando-se um reconhecido ator político no processo de transição democrática.

Vamos questionar em detalhes essa versão ao longo deste livro. Nesse momento, vale apenas indicar que essa narrativa, que começou a ser construída em meados da década de 1980, ajudou a consolidar a imagem da Folha como um exemplo de jornalismo profissional e moderno, um caso de sucesso a ser seguido em tempos de democracia. Reconhecida e naturalizada por diversos setores da sociedade civil, incluindo jornalistas e acadêmicos, essa é uma imagem que procura ser sustentada pelo grupo até os dias de hoje[4].

---

4. É bem sintomático que a efeméride dos 100 anos da empresa, comemorada em 2021, tenha se apropriado dessa narrativa para reforçar sua imagem como um jornal "a serviço da democracia". Na ocasião, o jornal chegou a promover um curso especial para ensinar às novas gerações os — assim denominado por ela — "horrores da ditadura". Um vídeo produzido para divulgar a campanha à época procurava acionar a suposta autoridade da tradição para afirmar o seguinte: "A atual democracia brasileira tem 35 anos. Mais da metade dos eleitores têm menos de 40 anos. E a Folha vai fazer 100 anos. Por isso, nós vimos, e nunca esqueceremos, os horrores da ditadura. E sempre defenderemos a democracia". Para mais informações sobre a efeméride e as estratégias de ressignificação da identidade do jornal, consultar Bonsanto (2022).

A Folha chegou a realizar pontuais mea-culpa sobre seu apoio dado à ditadura. Em 2014, após as repercussões do caso da "ditabranda" — em plena atividade dos trabalhos da CNV e durante a efeméride dos 50 anos do golpe —, o jornal assumiu pela primeira vez, em editorial, que "aos olhos de hoje, apoiar a ditadura militar foi um erro", reconhecendo também que aquele período deveria ser hoje encarado com "merecido e generalizado repúdio". No entanto, ressaltou que o contexto deveria ser interpretado como uma era polarizada, "de feroz confronto" entre duas visões de sociedade e que, portanto, as "responsabilidades pela espiral de violência", por mais que não similares, deveriam ser distribuídas pelos dois extremos. Com isso, aproveitava para se justificar:

> É fácil, até pusilânime, porém, condenar agora os responsáveis pelas opções daqueles tempos, exercidas em condições tão mais adversas e angustiosas que as atuais. **Agiram como pareceram melhor ou inevitável naquelas circunstâncias.** Visto em perspectiva, o período foi um longo e doloroso aprendizado para todos os que atuaram no espaço público, até atingirem a atual maturidade no respeito comum às regras e na renúncia à violência como forma de lutar por ideais[5].

O texto reforça a ideia da Folha como uma espécie de vítima da ditadura. Se apoiaram o regime, foi porque era "inevitável", lhes restava atravessar esse longo período e colher dele um "doloroso aprendizado". É interessante, entretanto, notar uma contradição presente no próprio editorial, que chama atenção para a agência daqueles que produziam o jornal à época: "agiram como pareceram melhor".

Trazer para o debate a questão da responsabilidade empresarial, a partir de evidências concretas, é um dos objetivos deste livro.

---

5. 1964. *Folha de S.Paulo*, ano 94, n. 31.042, p. 2, 30 de março de 2014, grifos nossos.

A despeito dos pontuais mea-culpa realizados, o Grupo Folha, até hoje, não chegou a admitir o seu papel ativo no apoio e na colaboração com a ditadura. Sua narrativa silencia o principal: a empresa deu sustentação e legitimidade ao regime militar. Conforme veremos, seu jornalismo publicou enfáticos editoriais e campanhas cívicas em defesa dos militares e produziu reiteradamente, assim como muitos órgãos da grande imprensa, notícias que hoje poderiam ser caracterizadas como desinformação: informações falsas criadas com a intenção de causar danos à imagem — em alguns casos, até mesmo à vida — de pessoas e organizações políticas. Além disso, a empresa não foi uma vítima direta dos arbítrios do regime. Praticou uma autocensura da forma que lhe parecia mais apropriada.

Mas a questão central, que torna o caso da Folha singular na história do jornalismo brasileiro, é que sua atuação não se resumiu a posicionamentos políticos e editoriais. A empresa colaborou materialmente com a repressão, emprestando seus veículos para que o regime pudesse realizar, de forma mais efetiva, a captura e a perseguição de militantes políticos. Cedeu suas instalações para que delegados do Departamento de Ordem Política e Social de São Paulo (DEOPS-SP) e outros agentes da repressão atuassem de forma livre na empresa, gerando inclusive situações de constrangimento e formas de vigilância aos seus profissionais. Nada disso foi feito de forma gratuita. A empresa se beneficiou economicamente do contexto instaurado pela ditadura. Em pouquíssimo tempo, se transformou de um jornal em dificuldades financeiras num dos principais conglomerados de comunicação do país.

A caracterização da ditadura instaurada com o golpe de 1964 como um regime a serviço de interesses econômicos era corrente entre os militantes que resistiram ao arbítrio naqueles anos. Orientadas por uma visão de mundo revolucionária, as organizações de esquerda, em geral, compartilhavam o entendimento de que era preciso compreender aquele cenário à luz da luta de classes. Essa visão está expressa, por exemplo, no livro/documento "A repressão militar-policial no

Brasil", escrito por militantes da Aliança Libertadora Nacional (ALN) ainda na prisão, na primeira metade dos anos 1970. No entanto, esses eram textos de denúncia, e não análises acadêmicas.

Foi a incontornável obra do cientista político uruguaio René Dreifuss que iluminou este aspecto com um trabalho fortemente ancorado em fontes documentais. Em "1964: a conquista do Estado", ao analisar os documentos do Instituto de Pesquisas e Estudos Sociais (IPES), Dreifuss (1981) demonstrou como este foi um espaço de articulação de intelectuais vinculados ao empresariado, no âmbito do qual foram formulados os projetos de políticas públicas que a ditadura colocaria em prática após o golpe de 1964, em benefício desse mesmo empresariado. Seu trabalho tornava imperioso observar o regime autoritário a partir das conexões entre os militares e o capital. Foi Dreifuss, inclusive, quem primeiro cunhou a expressão "civil-militar" para caracterizar o golpe de Estado, com o intuito de iluminar precisamente a participação do empresariado na conspiração que derrubou João Goulart (Melo, 2012).

No entanto, por uma série de razões, a obra de Dreifuss foi paulatinamente sendo abandonada no âmbito da historiografia sobre a ditadura brasileira. A crise das perspectivas marxistas levou à emergência de uma série de críticas ao trabalho do cientista político, na mesma medida em que abriu espaço para a consolidação de pesquisas que partiam de outras bases teórico-metodológicas. Nesse sentido, principalmente a partir da virada do século, a historiografia da ditadura, ao menos aquela que se tornou hegemônica, deixou de lado a luta de classes como eixo de análise e abandonou o empresariado como objeto empírico. Uma das consequências dessa inflexão foi, inclusive, uma reconfiguração do sentido da expressão "civil-militar" atribuída tanto ao golpe como ao próprio regime. No lugar de uma forma de enfatizar a dimensão de classe, o "civil" passou a representar a ideia de que "a sociedade" — assim, *in totum* — teria apoiado a deposição de Jango e a ditadura que se seguiu.

É verdade que a obra de Dreifuss seguiu sendo estudada e mobilizada como referência por historiadores que se contrapunham às novas tendências dominantes na academia. Mas essas pesquisas somente voltariam a ganhar um espaço mais relevante a partir dos trabalhos da Comissão Nacional da Verdade. Instalada oficialmente em 16 de maio de 2012, a CNV foi mais do que um instrumento jurídico-político fundamental na busca pela efetivação do direito à verdade sobre as graves violações de direitos humanos perpetradas pela ditadura militar. A comissão foi uma arena em que os sentidos atribuídos a noções como "verdade" e "direitos humanos" foram muito disputados. Ou seja, para além de investigar casos específicos de violências promovidas por agentes do regime, a CNV abriu uma janela de oportunidade para que fossem debatidas questões como: quais violências caracterizaram a ditadura? Quem foram os agentes e perpetradores dessas violências? Quem foram as vítimas da ditadura?

No curso desses debates, em meio a muitos conflitos e tensões, foi perceptível a tendência de tentar ampliar o escopo concebido para os trabalhos da comissão. Movimentos sociais, sindicatos e acadêmicos se engajaram e se mobilizaram fortemente para garantir que o rol de investigações da CNV fosse além dos casos emblemáticos de prisões, torturas, assassinatos e desaparecimentos forçados que atingiram militantes de organizações do movimento estudantil e da luta armada. Como resultado dessas disputas, algumas temáticas que não estavam previstas foram também tratadas.

Foi nesse quadro que a comissão abriu espaço para investigar tanto as violências do regime contra os trabalhadores do campo e da cidade como a participação empresarial no golpe de 1964 e na ditadura. Além dessas questões, a CNV se dedicou a pesquisas acerca das violações de direitos humanos contra os povos indígenas e a população LGBTQIAPN+. Outras temáticas foram ignoradas pela comissão, a despeito da pressão para que elas fossem abordadas, com destaque para a questão racial e o problema da violência nas favelas e periferias (Pedretti, 2016).

A discussão sobre as violações perpetradas contra a classe trabalhadora se tornou objeto de um Grupo de Trabalho (GT) — coordenado pela advogada Rosa Cardoso, membro da Comissão Nacional da Verdade — com representantes de todas as centrais sindicais brasileiras. O GT 13 realizou audiências públicas, coletou testemunhos, recolheu documentos e promoveu investigações em torno dessa temática. Daí resultou um capítulo no segundo volume do relatório final da comissão, intitulado "Violações de direitos humanos dos trabalhadores". Outro capítulo importante, constante do mesmo volume[6], foi nomeado "Civis que colaboraram com a ditadura", formulado com a colaboração de pesquisadores que integravam o Coletivo Mais Verdade. Neste, o foco do trabalho era precisamente a participação do empresariado na preparação do golpe de 1964, bem como as profundas articulações entre setores das classes dominantes e os militares na condução do regime.

Ambos os textos traziam importantes resultados de pesquisas e faziam afirmações significativas acerca da natureza do golpe de 1964 e da ditadura por ele instaurada. O capítulo sobre os trabalhadores, por exemplo, inicia da seguinte forma: "Os trabalhadores e seu movimento sindical constituíram o alvo primordial do golpe de

6. É importante destacar que este segundo volume se caracterizou por trazer os chamados "textos temáticos". Essa foi a forma que a CNV utilizou para designar os capítulos sobre a violência contra os trabalhadores do campo e da cidade, contra a população LGBTIQAPN+ e contra os povos indígenas. A designação diminuía o valor dessas questões, tratando as violações aos direitos humanos desses sujeitos como meras questões "temáticas". Tais capítulos não eram assinados pelo conjunto dos membros do colegiado, mas apenas pelo seu responsável, diminuindo sua força como documento de Estado — neste caso, ambos os textos foram assinados por Rosa Cardoso.

Estado de 1964, das ações antecedentes dos golpistas e da ditadura militar" (Brasil, 2014b, p. 58).

Pelo menos uma empresa era mencionada nos dois textos: a Volkswagen. De fato, sua relação com o regime e as práticas de violações de direitos humanos cometidas contra seus trabalhadores, acabou se tornando a face mais visível desse renovado interesse público e acadêmico sobre a relação entre os militares e o capital. Para tanto, destacou-se também o trabalho militante levado a cabo pelos próprios trabalhadores e vítimas, por meio de organizações como a Associação Heinrich Plagge e o IIEP (Intercâmbio, Informações, Estudos e Pesquisas).

O caso Volkswagen continuou a ser investigado após o encerramento dos trabalhos da Comissão Nacional da Verdade. Em 2015, uma representação sobre a cumplicidade da empresa com violações de direitos humanos na ditadura militar, apresentada por 32 entidades e indivíduos — dentre centrais sindicais, comissões da verdade, organizações de anistiados políticos, advogados e vítimas —, foi entregue à Procuradoria Regional dos Direitos do Cidadão (PRDC) do Ministério Público Federal (MPF) e à Promotoria de Justiça de Direitos Humanos e Inclusão Social do Ministério Público do Estado de São Paulo (MPSP). A representação se embasava precisamente nos trabalhos do GT 13.

O MPF e o MPSP abriram, então, dois inquéritos para investigar os fatos. A pesquisa realizada no âmbito da Comissão Nacional da Verdade foi aprofundada e complementada pelos procuradores e por pesquisadores independentes que atuaram no inquérito. Ao mesmo tempo, o Ministério Público do Trabalho (MPT) também instaurou um procedimento para tratar do tema. Diante do avanço das investigações, as três instituições passaram a tratar, junto com os representantes da empresa, sobre a possibilidade de assinatura de um Termo de Ajustamento de Conduta (TAC) no qual a Volkswagen reconhecesse sua responsabilidade pelos fatos investigados e se comprometesse com uma série de reparações. Em 23 de setembro de 2020, o TAC foi assinado.

A celebração do acordo não foi livre de tensões. Em uma nota subscrita, dentre outras pessoas, por Rosa Cardoso; Sebastião Neto, que foi secretário-executivo do GT 13 e é coordenador do IIEP; e Adriano Diogo — que foi presidente da Comissão da Verdade do Estado de São Paulo —, os termos do TAC assinado pelos ministérios públicos com a Volkswagen foram fortemente questionados[7]. Importante ressaltar que os autores da nota faziam parte das organizações que vinham levando adiante as investigações sobre o caso desde os trabalhos da CNV, e que haviam levado o tema para o MPF.

Segundo a nota, o acordo estaria "aquém" do que fora negociado ao longo de cinco anos e corria o risco de "rebaixar o parâmetro das reparações que serão exigidas em novas iniciativas de responsabilização de empresas que cometeram graves violações de direitos humanos na ditadura". Um dos pontos sensíveis do acordo, denunciado pela nota, era a destinação de recursos para o Memorial da Luta por Justiça, projeto da Ordem dos Advogados do Brasil de São Paulo (OAB SP), ao invés do financiamento do Lugar de Memória das Lutas dos Trabalhadores, tal como desejavam os sindicatos e movimentos sociais.

A despeito das críticas, o TAC foi firmado. Por meio dele, a Volkswagen se comprometeu a destinar 36,3 milhões de reais para ações de reparação. Para além do memorial da OAB, que recebeu 6 milhões de reais, o recurso foi destinado à associação que reúne os trabalhadores vítimas das violações perpetradas pela empresa (16,8 milhões de reais), aos Fundos Federal e Estadual de Defesa e

7. Disponível em: **https://esquerdaonline.com.br/2020/09/24/ativistas-de-direitos-humanos-criticam-acordo-com--a-volkswagen-sobre-cumplicidade-com-a-ditadura/?fbclid=IwAR3dhxw8BiRD1**. Acesso em: julho de 2024.

Reparação de Direitos Difusos (9 milhões de reais) e à Universidade Federal de São Paulo (4,5 milhões de reais). Este último montante, a ser gerido pelo Centro de Antropologia e Arqueologia Forense (CAAF/Unifesp), tinha duas destinações. Uma parte seria usada para o trabalho de identificação das ossadas encontradas em valas clandestinas no Cemitério de Perus, em São Paulo, e a outra para financiar novas pesquisas relacionadas à cumplicidade de empresas com a ditadura militar. Daí nasceu o projeto "Responsabilidade de empresas por violações de direitos durante a ditadura".

Em setembro de 2021, o CAAF/Unifesp abriu um edital público para a seleção de dez grupos de pesquisa para investigar dez empresas suspeitas de colaborar com o regime. No mês seguinte, tiveram início as pesquisas do projeto — inédito no Brasil —, abarcando Companhia Siderúrgica Nacional, Josapar, Itaipu, Paranapanema, Fiat, Aracruz, Petrobras, Cobrasma, Companhia Docas de Santos e Folha de S.Paulo. No início de 2023, um novo TAC permitiu que fossem iniciadas investigações de três outras empresas: Belgo Mineira, Embraer e Mannesmann[8].

Nós, autores deste livro, fomos selecionados para pesquisar o Grupo Folha. O presente livro apresenta o resultado do nosso trabalho. A investigação contou com recursos limitados e apenas dois anos para sua realização. Mas, nesse período, nossa equipe — formada por historiadores e estudiosos do jornalismo — se debruçou com afinco na documentação disponível, buscou materiais inéditos, e realizou um conjunto significativo de entrevistas.

---

8. Mais detalhes sobre o projeto e um Informe Público com o resultado parcial das pesquisas pode ser acessado em: **https://unifesp.br/reitoria/caaf/projetos/empresas-e-ditadura**.

Evidentemente, já encontramos disponível uma bibliografia consistente sobre a história do Grupo Folha[9]. Nosso trabalho se beneficiou dos conhecimentos consolidados por essa literatura e pelos diversos avanços que ela produziu, em especial no que diz respeito à relação de colaboração da Folha com a ditadura militar. Procuramos aprofundar essa linha de investigação, buscando, ao mesmo tempo, enquadrar a questão a partir do problema da responsabilidade da empresa pelas violações de direitos. Trata-se da chave de análise e compreensão que orientou todos os projetos de pesquisa acima mencionados e lhes deu uma especificidade importante. São trabalhos historiográficos articulados com as dimensões jurídica e política dos processos de promoção e garantia dos direitos à memória, à verdade, à reparação e à justiça.

Nesse sentido, embora este trabalho tenha sido conduzido pelos pesquisadores que assinam a publicação, é importante notar como ele envolve uma dimensão mais ampla, pois integra um longo acúmulo, aqui brevemente narrado, de investigações acerca da cumplicidade de agentes econômicos com o regime autoritário e de lutas pela inclusão dessa temática na agenda da justiça de transição no Brasil. É, também, um trabalho eminentemente coletivo, pois foi realizado em meio a um intenso diálogo com diversas outras equipes de pesquisa, com o MPF e com o CAAF/Unifesp.

A pesquisa histórica que deu origem a este livro resultou na instauração de um procedimento investigativo, que tramita hoje no âmbito do Ministério Público Federal, para investigar os fatos aqui narrados. Fornecer elementos fáticos, bem como documentos e depoimentos, ao MPF, com o intuito de abrir caminho para a realização de novas investigações na esfera judicial, tal como ocorreu

---

9. Ver, em especial, Mota e Capelato (1981); Taschner (1992); Sequeira (2000); Kushnir (2004); Pilagallo (2012); Pinto (2012); Bonsanto (2014) e Meneses (2016).

com a Volkswagen, era um dos objetivos prioritários do projeto. Consequentemente, a própria pesquisa se orientou nesse sentido específico, o que moldou seus contornos.

Como a responsabilidade do Grupo Folha por violações de direitos durante a ditadura se deu a partir de diversas formas, a investigação trabalhou simultaneamente em diferentes frentes. Instituímos três grandes eixos de análise que nortearam o projeto desde sua concepção: benefícios econômicos, apoio e cooperação com ações de repressão e danos aos trabalhadores. Os capítulos do livro estão organizados seguindo mais ou menos essa divisão. No primeiro, é apresentado um histórico do Grupo Folha, no qual é possível notar como os empresários Octavio Frias de Oliveira e Carlos Caldeira Filho se beneficiaram do contexto político para constituírem um dos maiores conglomerados de comunicação do país. O segundo capítulo centra-se nos elementos constitutivos do apoio editorial e da colaboração material ao regime. No terceiro, tratamos dos trabalhadores e de outras vítimas resultantes de violações praticadas direta ou indiretamente pela empresa. E, no quarto capítulo, fazemos algumas considerações finais sobre benefícios econômicos, violações de direitos e responsabilidade empresarial, assim como sobre possíveis formas de reparação.

Uma das principais frentes de nossa investigação foi a coleta de depoimentos. A equipe realizou entrevistas com pessoas com perfis variados, fontes testemunhais ligadas à imprensa, à militância política, aos órgãos da repressão, ao empresariado e aos trabalhadores. Ao todo, foram feitas 44 entrevistas, perfazendo mais de 100 horas de gravação. Destaca-se a diversidade de pessoas que contribuíram para o esclarecimento da colaboração do Grupo Folha com a repressão: jornalistas que foram perseguidos, monitorados e presos em seus ambientes de trabalho; profissionais da empresa que atestaram a estreita relação dos dirigentes com a repressão; pessoas que foram encarceradas em operações que envolveram veículos dos jornais; militantes que atuaram contra a ditadura e reagiram à cumplicidade empresarial, bem como agentes do DEOPS-SP e do Destacamento de Operações de Informações — Centro de Operações de Defesa Interna (DOI-CODI) que confirmaram a colaboração do Grupo Folha com o regime e o modus operandi praticado em ações de caça aos "terroristas".

Alguns dos nossos depoentes falaram pela primeira vez sobre o envolvimento da empresa jornalística com os aparatos repressivos da ditadura e trouxeram informações inéditas para a pesquisa. Outros já tinham falado sobre esses eventos em outras situações, mas, ainda que relatando fatos conhecidos, puderam esmiuçar processos e práticas até então pouco exploradas em seus detalhes. Procuramos dar destaque a esses testemunhos, que no seu conjunto compõem um quadro de evidências contundente sobre o envolvimento do Grupo Folha com a repressão.

Uma segunda frente de pesquisa foi a consulta aos acervos públicos responsáveis pela guarda de documentos de órgãos repressivos. Notabiliza-se, aqui, a documentação do DEOPS-SP, custodiada pelo Arquivo Público do Estado de São Paulo, e a do Serviço Nacional de Informações (SNI), localizada no Arquivo Nacional. A equipe se dedicou a pesquisar, ainda, no site Brasil: Nunca Mais Digit@l, na base de dados Opening the Archives, da Universidade de Brown, e no acervo da Comissão de Anistia. Pesquisamos também no arquivo do Sindicato dos Jornalistas Profissionais no Estado de São Paulo, onde consultamos a coleção das atas das reuniões ordinárias e extraordinárias do conselho. Nesses documentos foi possível identificar uma série de abusos cometidos pelas empresas do Grupo Folha em relação aos direitos dos trabalhadores — como falta de registro de trabalho, pagamento salarial inferior ao devido, demissão em massa de funcionários e dirigentes sindicais —, conforme veremos.

Foi fundamental para a nossa pesquisa a leitura e a análise dos jornais do Grupo Folha: Folha de S.Paulo (consultada online), Folha da Tarde e Notícias Populares (na sede da própria Folha), Ultima Hora (no Arquivo Público do Estado de São Paulo) e Cidade de Santos (na hemeroteca digital da Biblioteca Nacional). Em relação, especificamente, à Folha de S.Paulo e à Folha da Tarde, fizemos uma análise detalhada do material publicado pelos jornais durante a ditadura, dando ênfase ao período de 1968 a 1972, momento em que ocorreu um maior agravamento das tensões entre os órgãos de segurança e a esquerda armada na cidade de São Paulo e que resultou na criação da Operação Bandeirante, em 1969. Os materiais catalogados consistem em editoriais, matérias e reportagens, anúncios publicitários e campanhas cívicas a favor do regime; campanhas de "caça aos terroristas" e à subversão; além de conteúdo jornalístico relacionado aos trabalhos da Operação Bandeirante e atividades do II Exército.

Esse material nos auxiliou a evidenciar a responsabilidade e o protagonismo da Folha na sustentação ideológica, política e repressiva do regime. É importante lembrar que há uma tendência a enfatizar o jornal Folha da Tarde como órgão de propaganda do governo militar. Nas pesquisas acadêmicas e na memória coletiva da comunidade jornalística, à Folha de S.Paulo é atribuída uma posição mais neutra, senão mesmo de resistência ao regime. O material levantado mostra, de forma contundente, que isso não foi verdade, sobretudo no período mencionado. A Folha da Tarde, ainda que tivesse suas peculiaridades, não agiu de forma isolada, mas seguia uma linha que, guardadas as nuances, era a mesma para todos os veículos do Grupo Folha.

A equipe levantou, ainda, informações referentes aos balanços financeiros das empresas do Grupo Folha, publicados por exigência legal no Diário Oficial do Estado de São Paulo. Fizemos também uma leitura sistemática na coleção de O Estado de S. Paulo, disponibilizada para consulta online, acompanhando as edições do jornal de 1962 a 1984. Essa foi uma fonte rica para nossa investigação, porque o jornal acompanhou todos os escândalos e as denúncias de corrupção que envolviam os negócios de Octavio Frias e Carlos Caldeira, em especial os relativos à Rodoviária de São Paulo, à TV Excelsior e à Fundação Cásper Líbero. O cruzamento desse material com as outras fontes nos ajudou a evidenciar que há ainda muito a ser esclarecido por trás da história de sucesso empresarial do Grupo Folha.

Nos acervos da Folha, além dos exemplares dos jornais Folha da Tarde e Notícias Populares, pudemos consultar uma série de 16 entrevistas realizadas para o Projeto de História Oral do grupo. Tivemos acesso também a algumas fichas funcionais e a um documento interno da empresa sobre a Folha durante a ditadura militar, elaborado pelo jornalista Oscar Pilagallo a pedido da direção, cujas informações já tinham sido publicadas em quase sua totalidade no livro "História da Imprensa Paulista" (2012). É importante registrar que não conseguimos acesso a documentos que teriam sido essenciais para a pesquisa, como balanços patrimoniais e contábeis, atas dos conselhos editorial e de administração, organogramas e documentos relativos à aquisição e à venda das empresas do grupo.

1_O DESENVOLVIMENTO DO GRUPO FOLHA

A história do Grupo Folha começou em 19 de fevereiro de 1921, com o lançamento do jornal Folha da Noite por um grupo de jornalistas liderados por Olival Costa. Pequeno, com apenas oito páginas, o vespertino era destinado às camadas médias da capital paulista. Seu sucesso levou à criação, em 1925, do matutino Folha da Manhã. Em 1931, os dois jornais já formavam a Empresas Folha da Manhã Limitada e, como tal, foram vendidos para Otaviano Alves de Lima, passando a defender os interesses das oligarquias rurais de São Paulo. Em 1945, a empresa foi adquirida por Nabantino Ramos e tornou-se uma sociedade anônima. Aos poucos, mudou novamente de linha editorial e passou a apoiar os setores urbanos e industriais. Em 1949, o grupo ganhou um terceiro jornal: a Folha da Tarde.

Nabantino Ramos buscou modernizar seus jornais, implementando técnicas de gestão e controle da produção. Criou um documento formalizando as normas do trabalho na redação, criou um programa de ação, implementou concurso público para contratação e organizou cursos para formação de jornalistas (Mota e Capelato, 1981; Taschner, 1992). Mesmo assim, enfrentou graves problemas financeiros, que o levaram a fundir seus três jornais, em 1960, sob o título de Folha de S.Paulo. A crise, no entanto, se agravou e, em 1962, o jornal foi vendido para os empresários Octavio Frias de Oliveira e Carlos Caldeira Filho.

Foi durante a ditadura militar, sob o comando de Frias e Caldeira, que o Grupo Folha se estabilizou economicamente, após modernizar suas estruturas produtivas e se expandir empresarialmente. Nesse período, como veremos, a empresa obteve ganhos materiais e benefícios financeiros, tornando-se um dos principais conglomerados jornalísticos do país. Ao adquirir outras empresas jornalísticas perseguidas por questões políticas e em dificuldades econômicas, o grupo participou ativamente de uma profunda reconfiguração do mercado, que levou a um processo de concentração dos meios de comunicação. Contar essa história é o objetivo deste capítulo. Vamos a ela.

A RODOVIÁRIA E A FOLHA DE S.PAULO

Octavio Frias de Oliveira veio do setor financeiro. Em 1948, participou, como acionista, da fundação do Banco Nacional Imobiliário (BNI) e atuou como um dos seus diretores[10]. Foi assim que se tornou amigo de Nabantino Ramos e realizou vários negócios com a Folha. Vendeu, por exemplo, o prédio da Alameda Cleveland, para onde

---

10. A instituição, dirigida por Orozimbo Roxo Loureiro, deveria funcionar como banco emissor: faria empréstimos imobiliários, obtendo recursos por meio de emissão de debêntures. O governo, no entanto, não deu autorização para que fosse feito esse tipo de operação, e o BNI teve que funcionar como banco comercial — mas tinha uma carteira imobiliária, que fazia corretagem, ou seja, intermediação de compra e venda de imóveis. Frias atuava como diretor desse setor.

o jornal se mudou em 1950. Depois, vendeu o edifício da Alameda Barão de Limeira, que passou a ser ocupado pelo jornal em 1953. Fez também algumas operações de crédito para a empresa[11].

Octavio Frias começou a atuar no BNI com incorporação, lançando e administrando empreendimentos imobiliários. Nesse período, conheceu Carlos Caldeira Filho, que trabalhava no mesmo ramo na cidade de Santos. Caldeira vinha de uma tradicional família santista, dirigia a Construtora Harding e tinha como sócio Royhen Mc Harding. Foi contratado por Frias como cobrador do BNI e ajudou a administrar algumas obras. O negócio foi um sucesso, e Frias se tornou o "rei do condomínio em São Paulo", segundo suas próprias palavras (Paschoal, 2006, p. 117). Entre os vários prédios construídos nessa época, o mais famoso é o Copan, projetado pelo arquiteto Oscar Niemeyer.

O BNI, no entanto, entrou em estado falimentar[12] e, em junho de 1954, Octavio Frias deixou a instituição, que foi comprada por Amadeu Aguiar, do Banco Bradesco, alguns meses depois. Frias passou a se dedicar, então, à Transaco (Transações Comerciais Limitada), empresa que havia fundado em 1953, especializada na venda de ações diretas ao público. Como afirmou seu filho, Otávio Frias, essa empresa foi uma espécie de plataforma para os empreendimentos posteriores, como a Estação Rodoviária e a própria Folha de S.Paulo.

---

11. Segundo Paschoal (2006), Frias e Nabantino moravam no mesmo prédio na Avenida São Luís, em São Paulo, e almoçavam juntos todos os domingos. Os dois também frequentavam juntos a Hípica.

12. A falência do BNI "assumiu foros de escândalo", ocasionando prejuízo a numerosas pessoas, conforme registra o prontuário de Octavio Frias de Oliveira. Ver Secretaria da Segurança Pública. Serviço de Informação. DOPS. Octavio Frias de Oliveira. APESP, Fundo DEOPS, Dossiê 20-K-135-86.

Nessa época, aliás, a Transaco vendia assinaturas da Folha, inclusive vitalícias[13]. O negócio devia ser lucrativo, porque a empresa abriu um escritório no Rio de Janeiro e passou a vender também assinaturas do diário carioca Tribuna da Imprensa, de Carlos Lacerda. Frias foi um dos financiadores da campanha de Lacerda, pela União Democrática Nacional (UDN), ao governo do então Estado da Guanabara. O empresário, no entanto, disse que não tinha interesse nenhum em política. Seu objetivo era outro:

> Eu tinha horror daquilo, desprezava. **Queria ganhar dinheiro, claro, onde tivesse dinheiro eu ia trabalhar para faturar o meu. O negócio era ganhar dinheiro. Ganhar dinheiro foi um compromisso que eu assumi comigo mesmo** (Frias apud Paschoal, 2006, p. 127, grifos nossos).

Apesar de já terem feito negócios anteriormente, a sociedade entre Octavio Frias de Oliveira e Carlos Caldeira Filho começou de fato em 1961, quando os dois empresários se uniram para construir a Rodoviária de São Paulo, na Avenida Duque de Caxias. O projeto teve um alto custo (cerca de 250 milhões de cruzeiros, em valores da época) e foi viabilizado pelas relações pessoais que os dois sócios tinham com o prefeito Adhemar de Barros, que aprovou a proposta e cedeu parte do terreno, e com o governador Carvalho Pinto, que interveio com o superintendente do Banco do Estado para facilitar a operação.

13. Um episódio polêmico que marcará o início da gestão de Frias e Caldeira na Folha de S.Paulo está relacionado a essas assinaturas vitalícias, negociadas pela Transaco. Assim que compraram o jornal, os novos donos avaliaram que essas assinaturas, que haviam sido vendidas pelo próprio Frias, eram agora um ônus para a empresa, e decidiram acabar com elas. Para sustentar a decisão, eles procuraram os juristas Vicente Rao e Miguel Reale, que deram pareceres favoráveis. Com base nesses pareceres, as assinaturas foram canceladas. Cerca de três mil assinantes, 10% do total, recorreram à Justiça. A ação se estendeu por anos e acabou favorecendo o Grupo Folha.

A Rodoviária foi erguida em um terreno localizado em frente à Praça Júlio Prestes. Sua infraestrutura era capaz de atender dez mil passageiros por dia e de abrigar 2.800 veículos. No térreo havia mais de uma dezena de plataformas de embarque e de desembarque. No andar superior ficavam as bilheterias, o salão de beleza, a barbearia, restaurantes e cafés. O grosso das receitas vinha do aluguel das plataformas, das bilheterias e dos espaços de convivência e da publicidade feita no circuito fechado de televisão e por meio de painéis de acrílico. Caldeira e Frias também tinham contratos com a prefeitura que garantiam que cerca de 60% dos ônibus intermunicipais passassem por ali[14].

O negócio deu certo, e a Rodoviária se transformou numa "mina de ouro". Como disse Frias:

> Foi um grande negócio imediatamente, porque, assim que a inauguramos, a rodoviária já estava dando dinheiro. Transitavam por lá, já na inauguração, 100 mil pessoas por dia. Todas as lojas eram nossas. Nós arrendávamos as lojas e cobrávamos um percentual ao locatário. E ali na rodoviária foi instalado o primeiro sanitário pago em São Paulo. **Era tudo** cash**, e todo o dia. Fazíamos o caixa às 10 horas da noite** (apud Paschoal, 2007, p. 134-135, grifos nossos).

Vale registrar que, nessa mesma época, Octavio Frias começou a atuar também no setor avícola, transformando um sítio de sua propriedade em São José dos Campos na Granja Itambi. A empresa teve atuação tecnológica de vanguarda e se tornou uma das maiores desse setor no país, chegando a manter dois milhões de aves.

---

14. Disponível em: **https://www.saopauloinfoco.com.br/cor-centro-de-sao-paulo-rodoviaria-da-luz**. Acesso em: 19 de julho de 2023.

Em agosto de 1962, Octavio Frias e Carlos Caldeira compraram, de Nabantino Ramos, a empresa Folha da Manhã S.A. e a Companhia Brasileira de Impressão e Propaganda (Impress), ambas com graves problemas econômicos e dívidas vultosas. Para fechar o negócio, Frias fez um empréstimo com Caio de Alcântara Machado, que se tornou sócio das empresas por alguns meses, e usou sua experiência no setor bancário para negociar outros financiamentos para o empreendimento, em especial com Gastão Vidigal (do Banco Mercantil de São Paulo) e com Sebastião Paes de Almeida (do Banco Nacional do Comércio).

Logo que compraram a Folha da Manhã S.A., empresa responsável pela produção do jornal Folha de S.Paulo, Frias e Caldeira passaram a trabalhar em salas vizinhas no quinto andar do prédio da Alameda Barão de Limeira, onde até hoje funciona a empresa. Frias conta que o negócio demorou a se estabilizar e que nos dez primeiros anos o jornal dependeu de negociação e renegociação de empréstimos para sobreviver: "A situação era terrivelmente aflitiva. Os primeiros tempos foram agônicos, absolutamente agônicos" (Frias apud Paschoal, 2006, p. 160).

Não se sabe ao certo o que levou Frias e Caldeira, que já administravam um negócio lucrativo e bem-sucedido como a Rodoviária de São Paulo, a se aventurarem na compra de uma empresa jornalística em dificuldades financeiras como a Folha. Era um empreendimento arriscado, que exigia investimentos altos e pertencia a um setor muito especializado do mercado, em relação ao qual eles não tinham nenhuma experiência. Os empresários, certamente, tinham consciência dos riscos, mas sabiam também do poder e da influência política que uma empresa de comunicação poderia lhes dar.

A relação entre a Rodoviária e o Grupo Folha esteve no centro de inúmeras denúncias de irregularidades que duraram mais de uma década e foram mapeadas em nossa pesquisa, em especial por meio da leitura do jornal O Estado de S. Paulo e da própria Folha. Uma dessas denúncias era a de que o terminal estaria instalado irregularmente num terreno público, cedido através de negociatas com Adhemar de Barros. Frias sempre negou que o terreno fosse público, mas admitiu que os ônibus estacionavam na praça em frente à estação.

Outro problema era o monopólio exercido pela Rodoviária, uma vez que o terminal concentrava, à época, a partida e a chegada em São Paulo de todos os ônibus intermunicipais e interestaduais, provocando inclusive problemas sérios de fluxo e engarrafamentos. Muitos argumentavam que era necessário fazer múltiplas estações na cidade para evitar os congestionamentos.

No início de 1967, o diretor do Departamento de Trânsito (Detran) de São Paulo, coronel Américo Fontenelle, ocupou a Rodoviária, depois de identificar inúmeras irregularidades no funcionamento da estação. O governador Abreu Sodré determinou, então, a desapropriação do local, no dia 14 de fevereiro, afirmando que seriam construídos novos terminais de ônibus em outros bairros para aliviar o tráfego, assim como seria desocupada a Praça Júlio Prestes. Mas Sodré demitiu o coronel Fontenelle e, em 17 de junho, desistiu da desapropriação, o que gerou grande escândalo e muitas suspeitas[15].

Octavio Frias contou como foram feitas as negociações com o governo para a retomada da Rodoviária. Segundo ele, a estação estava avaliada num valor extremamente alto, acima do que seria esperado:

> Com medo do Adhemar de Barros, nós tínhamos feito uma avaliação *ad perpetuam rei memoriam*, para nos defendermos contra uma pressão dele. Imaginávamos, quando assumimos a Folha, que o Adhemar ia querer dominar o jornal, através da rodoviária. Então, para nos defendermos dele, pedimos aquela avaliação, que levou anos para ser concluída. E, no final, os peritos avaliaram a rodoviária por uma quantia

15. Dono ganha, centro perde. *O Estado de S. Paulo*, ano 93, n. 29.866, p. 17, 11 de agosto de 1972.

> elevada, porque era um patrimônio realmente de valor. Só que começaram a dizer que nós tínhamos comprado os juízes que fizeram a avaliação para que eles chegassem àquele valor (apud Paschoal, 2006, p. 140).

A suspeita de superfaturamento não era sem fundamento. Ainda segundo o relato de Frias, Delfim Neto, então secretário de Abreu Sodré, teria se espantado ao ver o valor, que corresponderia à metade do orçamento do estado. "Era uma importância enorme, não me lembro se [de fato] era metade do orçamento, mas era uma importância que, segundo Sodré, ia impedir durante dois ou três anos o processo de Educação no Estado de São Paulo" (Frias apud Paschoal, 2006, p. 141).

Não sabemos detalhes da negociação, mas Abreu Sodré, de fato, devolveu a Rodoviária para a dupla Frias e Caldeira, recuando também da tentativa de descentralizar os pontos de partida e chegada de ônibus intermunicipais e interestaduais em São Paulo. Ao contrário do esperado, o governador aumentou o número de ônibus a passar pela Rodoviária: ao invés dos 600 de antes da desapropriação, agora seriam 800[16].

O episódio gerou muita polêmica. O deputado Orlando Jurca (MDB) pediu à Assembleia Legislativa de São Paulo a constituição de uma Comissão Parlamentar de Inquérito (CPI) sobre o caso. Segundo ele, a concessão da Rodoviária sempre foi imoral, mas, naquele momento, havia "indícios de que o grupo detentor da concessão escandalosa se compõe com o governo". Orlando Jurca pediu a apuração dos fatos. Queria que fosse esclarecido de que forma fora feita a concessão, se realmente existia ligação entre o governo e os

16. Recuo do governo tornou-se efetivo. *O Estado de S. Paulo*, ano 88, n. 28.274, p. 12, 17 de junho de 1967.

concessionários, e se havia ilícitos penais a serem apurados[17]. No mesmo mês, houve um novo pedido de CPI, dessa vez apresentado à Câmara pelo vereador José Lurtz Sabiá (MDB). Entre os tópicos solicitados no documento, com 160 assinaturas, constam a apuração de preços e os custos de produção e mão de obra da Estação Rodoviária[18].

No que diz respeito à Folha, a principal denúncia foi a de que o negócio jornalístico, inicialmente deficitário, serviria apenas para que Frias e Caldeira dessem suporte aos grupos políticos que favoreciam o empreendimento rodoviário — esse, sim, sempre lucrativo. Em entrevista ao Projeto de História Oral da Folha, o jornalista Antônio Aggio Junior — personagem importante da história do Grupo Folha, como veremos — deu uma versão complementar a essa. Ele afirmou que Frias e Caldeira compraram a Folha porque queriam ter um instrumento de pressão para se assegurar de que não perderiam a Rodoviária, independentemente da troca de governo, a concessão para exploração do terminal de ônibus[19].

A relação entre a Rodoviária e o Grupo Folha foi muito questionada pelo jornal O Estado de S. Paulo, que denunciou uma série de irregularidades envolvendo ambos os negócios. Em resposta a uma carta

---

17. Volta o escândalo da rodoviária. *O Estado de S. Paulo*, ano 88, n. 28.273, p. 1, 16 de junho de 1967.

18. Recuo consumou-se com desrespeito. *O Estado de S. Paulo*, ano 88, n. 28.279, p. 1, 23 de junho de 1967. O caso teve muitos desdobramentos que não cabe, aqui, descrever. No entanto, vale destacar que, em julho de 1981, o governo do estado nomeou Carlos Caldeira diretor do Terminal Tietê, um empreendimento público construído justamente para evitar os problemas causados pela Rodoviária Júlio Prestes, de sua propriedade. Caldeira implementou uma série de alterações ao projeto original, atrasando por vários meses a inauguração da nova estação. O prejuízo teria sido de 1,5 bilhão de cruzeiros; Dops proíbe atos de protesto de entidades durante a inauguração. *O Estado de S. Paulo*, ano 103, p. 15, 8 de maio de 1982.

19. Entrevista de Antônio Aggio Junior ao Projeto de História Oral da Folha, 26 de março de 2003.

aberta de Frias e Caldeira, que tinha circulado no dia anterior, os diretores do Estadão, Julio de Mesquita Neto e Ruy Mesquita, publicaram em 8 de novembro de 1972 uma nota em que afirmavam não ver "como misturar a prosperidade de uma empresa jornalística com a prosperidade de outras empresas, completamente alheias ao ramo, porventura pertencentes ao mesmo proprietário da empresa jornalística".

Em 1962, quando Frias e Caldeira adquiriram a Folha, o jornal estava em situação quase falimentar, com dívidas vultosas. Naquele momento, a liderança do mercado jornalístico de São Paulo era de O Estado de S. Paulo, da família Mesquita. Com uma boa distância, a Folha dividia o segundo lugar com o Diário de S. Paulo, de Assis Chateaubriand, proprietário também do Diário da Noite. Havia outros jornais de destaque, como A Gazeta, da Fundação Cásper Líbero; o Diário Popular, administrado por netos de um de seus fundadores, José Maria Lisboa; e a Ultima Hora, de Samuel Wainer.

Um ano depois, a liderança do mercado continuava com o Estadão, mas a Folha começou a adquirir maior relevância. O periódico tinha quase 76 mil assinantes, número que subiu para 94 mil em 1969. Neste ano, a tiragem chegou a mais de 180 mil exemplares nos dias de semana e a quase 250 mil aos domingos, valores considerados significativos para a época (Mota e Capelato, 1981; Taschner, 1992).

Uma das estratégias da Folha para incrementar suas vendas foi investir na distribuição do jornal, até então feita quase exclusivamente por trens e ônibus. Apostou no crescimento de sua frota, que de 24 veículos, em 1960, passou a 165, em 1965. Em 1980, esse número chegaria a 340 (Mota e Capelato, 1981). Essa frota de veículos é um dos pontos sensíveis da nossa investigação, porque foi sobretudo a sua estrutura que serviu de apoio a ações da ditadura militar, como veremos.

Frias e Caldeira buscaram também modernizar editorialmente a Folha. Colocaram na direção de redação José Reis, que já trabalhava no jornal desde os tempos de Nabantino, mas contrataram em 1964 o jornalista Cláudio Abramo, que havia deixado a chefia de O Estado de S. Paulo, onde promovera reformas importantes. Ele começou oficialmente na Transaco, como uma espécie de ombudsman, produzindo críticas diárias do jornal. No ano seguinte, já na Folha, tornou-se chefe de produção e, finalmente, em 1967, secretário-geral. Abramo era um jornalista respeitado no meio profissional que, junto com seu nome, levava prestígio para a Folha. Na redação, no entanto, houve reações e chegou a ser feito um abaixo-assinado contra a sua contratação. Abramo tinha temperamento difícil e fama de irascível.

O GOLPE DE 1964 E A LITOGRÁFICA YPIRANGA

A imprensa brasileira — com exceção de poucos periódicos, como a Ultima Hora, de Samuel Wainer — apoiou editorialmente o golpe de 1964. Houve, naquele momento, um certo consenso nos meios de comunicação contra João Goulart e os movimentos sociais organizados que atuavam no período, como as entidades sindicais, as Ligas Camponesas e a Frente de Mobilização Popular. Essa posição era impressa nas páginas dos principais periódicos, seja por meio de uma cobertura bastante crítica ao governo, seja através de contundentes editoriais que exigiam mudanças radicais na política.

A Folha de S.Paulo seguiu essa linha, favorável à deposição de Goulart. A "Revolução de 31 de março" dos militares foi celebrada em suas páginas como o movimento responsável por restabelecer a legalidade democrática, tão ameaçada pelo avanço da agitação subversiva de esquerda. O jornal, que publicava editoriais diários sobre o assunto, enfatizou, desde o início, a legitimidade do novo regime, que teria agido respeitando os preceitos constitucionais do país e deveria seguir no seu "combate sistêmico" ao comunismo e à corrupção que assolava o Brasil naquele momento (Bonsanto, 2014; 2021).

Octavio Frias, entretanto, afirmou em depoimento para sua biografia ter recomendado que a cobertura fosse factual: "Mas não acompanhei a edição [de 1º de abril], não. Eu estava olhando para as dívidas e como é que eu ia pagá-las" (Paschoal, 2007, p. 123). Seus esforços estariam concentrados na parte comercial: levantava dinheiro nos bancos, porque "a situação era terrivelmente aflitiva" (Paschoal, 2007, p. 119). Uma das metas naquele momento era alcançar o nível de representatividade de O Estado de S. Paulo, visto como um objetivo distante, um sonho: "Nós catávamos os farelos que caíam da mesa do Estadão. A Folha não existia. O Estado estava lá no Olimpo e nós, aqui embaixo, na lama" (Paschoal, 2007, p. 119).

O depoimento de Frias respalda a narrativa de que, em um primeiro momento, pouco se poderia fazer pelo jornal em termos editoriais, já que era necessário antes estruturar administrativamente a empresa. Como não dominavam o métier, restava aos dirigentes manter a sobrevivência do negócio. Jornalismo ficava em segundo plano, algo a ser desenvolvido no futuro. Uma das primeiras obras que procurou consolidar essa versão foi a "História da Folha de S.Paulo (1921-1981)", escrita por Carlos Guilherme Mota e Maria Helena Capelato, dois renomados historiadores da Universidade de São Paulo. O livro foi produzido sob encomenda, a pedido de Otávio Frias Filho, para ser lançado nas comemorações de 60 anos do jornal, em 1981[20].

---

20. A obra de Mota e Capelato (1981) é citada como fonte e referência por outras publicações posteriores, também lançadas sob encomenda da empresa, e escritas por jornalistas da casa: "História da imprensa paulista", de Oscar Pilagallo (2012) e "Folha explica: Folha", de Ana Estela de Sousa Pinto (2012). Ambos os livros foram produzidos e lançados no contexto da efeméride de 90 anos da empresa, em 2011, e parecem ser mais um dos esforços do grupo para ressignificar sua imagem após a repercussão negativa envolvendo a Folha no caso da "ditabranda", em 2009. Uma análise detalhada sobre estes esforços do grupo para ressignificar e reconstruir sua imagem sobre os tempos da ditadura pode ser consultada em Bonsanto (2014; 2021) e Meneses (2016).

Na publicação, a gestão de Frias e Caldeira é dividida em três momentos: 1) 1962/1967: reorganização financeiro-administrativa e tecnológica; 2) 1968/1974: a "revolução" tecnológica; e 3) 1974/1981: definição de um projeto político-cultural. Esta interpretação parte do pressuposto de que o jornal conquistou sua autonomia financeira e passou por uma "revolução tecnológica" justamente nos períodos mais conturbados da ditadura militar e que, somente após sanados os problemas econômicos, no processo de distensão política, teria enxergado possíveis brechas para articular uma posição política mais firme.

Acreditamos que essa leitura foi responsável por auxiliar na construção da tese de que o Grupo Folha nada poderia ter feito, limitando-se a atuar de forma "isenta", distanciada e até mesmo descompromissada dos acontecimentos referentes àquele momento político tão delicado. Frágil economicamente, teria praticado apenas um "jornalismo possível", atravessando o período como mais uma "vítima" da ditadura (Barbosa, 2007; Bonsanto, 2021). A análise de Mota e Capelato não esconde o apoio da empresa ao golpe de 1964, mas silencia sobre os embates e contradições inerentes àquele contexto, em que o jornal se inseria e se modernizava. Em um período de grande fervilhar político, a fase de consolidação da Folha legitima-se, dessa forma, como condicionada a ditames estritamente econômicos.

Ocorre que, para que a empresa se consolidasse financeiramente, era evidente que relações com o poder precisavam ser articuladas. O Grupo Folha utilizou o contexto político e econômico como um "elemento de cálculo", conforme a leitura de Taschner (1992). A autora afirma que, com a emergência da ditadura militar, criou-se uma espécie de "pacto de poder" entre o governo e setores ligados ao empresariado e à indústria cultural — dentre eles, a imprensa. Este pacto "solidário" foi sustentado fortemente pelo poder do Estado autoritário e por investimentos maciços do capital estrangeiro, dos quais os novos gestores do jornal buscaram tirar o maior proveito possível, seja das facilidades de empréstimo oferecidas pelo governo, por incentivos em publicidade ou adquirindo outros empreendimentos que a própria conjuntura havia contribuído para enfraquecer (Taschner, 1992).

Já logo depois do golpe militar, os negócios do Grupo Folha, que até aquele momento era composto por apenas um jornal e uma gráfica, se expandiram de forma muito significativa. Ainda em 1964, apesar das dívidas e da situação instável da Folha e da Impress, Frias e Caldeira decidiram ampliar seus negócios no campo da comunicação. Começaram em outubro, comprando a Litográfica Ypiranga, responsável por imprimir no Brasil a revista Seleções. Eles pagaram de entrada a Lula Rachembacker, viúva do antigo proprietário da empresa, algo em torno de 20 ou 30 mil cruzeiros, segundo depoimento de Frias. Foi um grande negócio.

> Depois fomos lá tomar conta, sentamos e, para surpresa minha, tinha 200 mil cruzeiros no caixa da Ypiranga. (...) Logo em seguida, vendemos uma propriedade que ela tinha na avenida Dutra e fizemos um caixa de 400 mil cruzeiros (Frias apud Paschoal, 2006, p. 170).

Não sabemos como a transação se deu de fato. Mas o negócio, tal como narrado, parece inverossímil. Sem praticamente nada fazerem, os sócios teriam tido um retorno imediato de cerca de 2.000% em relação ao seu investimento inicial. Uma cifra absolutamente surpreendente.

A ULTIMA HORA E O NOTÍCIAS POPULARES

Dez meses após a compra da Litográfica Ypiranga, em agosto de 1965, Frias e Caldeira adquiriram outro diário que, tal como a Folha de S.Paulo, também passava por dificuldades financeiras: a Ultima Hora de São Paulo. O jornal fazia parte do grupo de empresas de Samuel Wainer e estava numa situação difícil, devido a perseguições e boicotes econômicos que vinha sofrendo desde o golpe, por causa da sua proximidade com João Goulart, com o trabalhismo e com os setores sindicais. Acumulava muitas dívidas quando foi absorvido pelo Grupo Folha, que assumiu os encargos trabalhistas e pagou a quantia restante no decorrer de cinco anos.

A primeira edição da Ultima Hora sob o comando do Grupo Folha saiu em 4 de setembro de 1965. Nesse dia, foi publicado um editorial falando sobre os novos tempos e garantindo aos leitores que o jornal continuaria em expansão, "defendendo os legítimos interesses dos trabalhadores"[21]. No entanto, nos anos seguintes, não houve qualquer investimento no periódico, que foi minguando e perdendo qualidade editorial até entrar em franca decadência. Sua pequena redação ocupava apenas um canto do segundo andar do prédio da Barão de Limeira. O diário, que havia resistido ao golpe militar e que poderia servir de base para uma oposição crítica ao regime, estava, agora, definitivamente neutralizado.

É importante sublinhar que a Ultima Hora era uma espécie de ícone do jornalismo moderno. Seu surgimento, em junho de 1951, no Rio de Janeiro, então capital da República, havia impactado o mercado, com suas inovações gráficas e editoriais. O vespertino, além disso, impôs novos padrões de produção e de remuneração

---

21. FILHO, Carlos Caldeira; OLIVEIRA, Octavio Frias de. Aos leitores. *Ultima Hora*, ano XIV, p. 4, 4 de setembro de 1965.

da mão de obra. Fez grande sucesso e, em pouco tempo, começou a se expandir, com o lançamento do jornal em São Paulo e em outras capitais do país. O movimento desagradou a maioria dos donos de jornais, sobretudo devido às aproximações de Wainer com o governo. Sua defesa do nacionalismo e do trabalhismo ia na contramão da imprensa dominante à época.

A aquisição da Ultima Hora teve, assim, um sabor especial para Octavio Frias. Na biografia que escreveu sobre Wainer, Karla Monteiro (2020, p. 475) conta que, após fechar a compra do jornal, o empresário teria dito em tom de brincadeira: "O que eu gostaria de fazer, agora, era ir até a Federação das Indústrias do Estado de São Paulo e mostrar, numa bandeja de prata, a cabeça de Samuel Wainer".

Ainda em 1965, em outubro, o Grupo Folha adquiriu outro jornal: o Notícias Populares. O diário atuava no mesmo segmento popular da Ultima Hora, mas tinha um perfil editorial oposto. Havia sido criado em 1963 pelo deputado udenista Herbert Levy, proprietário da Gazeta Mercantil, justamente para fazer frente ao diário de Samuel Wainer. Seu diretor era o romeno Jean Mellé, anticomunista e conhecido entusiasta das Forças Armadas, que foi mantido à frente do periódico pelos novos donos.

Do ponto de vista empresarial, os dois jornais adquiridos pelo Grupo Folha estavam mal e acumulavam muitos prejuízos. Mas, como explica Campos Jr. et al. (2002, p.73): "Nas bancas, porém, tinham muito para oferecer, pois seguiam como nomes fortes na cabeça do leitor. Mais importante, serviriam à intenção da empresa de crescer e estar com um pé (ou dois) em todos os nichos do mercado — mesmo que isso significasse absorver os concorrentes apenas para manter seu domínio".

Depois de incorporado por Frias e Caldeira, talvez por seu alinhamento ao regime, o Notícias Populares recebeu investimentos e trilhou um caminho de maior êxito do que a Ultima Hora. Em 1968, vendia 145 mil exemplares em banca, a maior venda avulsa no estado de São

Paulo. Sua fórmula misturava noticiário policial, esportivo e vida de celebridades, sempre publicando, com destaque, fotos de mulheres em poses sensuais. O jornal jamais criticava a ditadura nem atacava o governo. "Tranquilizado com a perseguição aos comunistas, Jean Mellé pôde, enfim, tocar o jornal da maneira que pretendia", afirma Campos Jr. et al. (2002, p. 73).

O Notícias Populares explorava ao máximo o jornalismo de sensações. Suas manchetes polêmicas e escandalosas marcaram época e algumas delas farão sempre parte de qualquer antologia da imprensa popular sensacionalista. O jornal cobria com destaque a área policial, mas também dava muita ênfase ao *fait diver*, tratando de casos bizarros e ajudando a criar lendas urbanas. Vejamos algumas manchetes famosas: "Moço louco é fuzilado no hospital" (21/07/1969), "Bela moça deu luz a um macaco" (05/07/1971), "Vampiros sugam 3 crianças" (12/091971), "Velhinha morreu na onda" (14/03/1973), "Esquartejado com facão e pé-de-cabra" (25/05/1973), "Nasceu o diabo em São Paulo" (11/05/1975), "Bebê-diabo nos telhados das casas do ABC" (25/05/1975)[22].

Rui Falcão, que trabalhou na editoria de Esportes do Notícias Populares, conta como era o jornal:

> Sempre tinha a história do presunto, que era um bandido, uma pessoa que foi assassinada. Tinha que ter uma foto e, às vezes, não tinha uma foto, [Jean Mellé] ficava procurando notícia para ser a manchete do jornal; ele falou assim: "Dizer aí que Lollobrigida vir ao Brasil para casar com fazendeiro de Goiás"; "Mas, senhor Mellé, não é verdade, a Gina

22. Para mais detalhes sobre a cobertura do Notícias Populares, ver Celso de Campos et al. (2002).

Lollobrigida não vem ao Brasil"; ele respondeu: "Você acha que Lollobrigida vai ler *Notícias Populares*?". Tinha muita coisa forjada, a história do bebê diabo, a história do homem mãe, que era uma pessoa hermafrodita, ia fazendo uma espécie de série. E você tinha que fazer títulos criativos em todas as áreas. Lá no esporte, o Éder Jofre foi campeão mundial dos pesos galo e, depois, ele mudou de peso para continuar, passou a ser peso pena. Então eu fiz um título bom: "Galo volta como pena"[23].

A TV EXCELSIOR

Ainda em 1965, Frias e Caldeira compraram parte das ações da TV Excelsior[24]. A emissora era uma das mais importantes do país. Inaugurada cinco anos antes, em junho de 1960, havia modernizado a forma de produzir televisão, com uma linguagem inovadora e a introdução de uma grade de programação fixa, algo que inexistia no Brasil[25]. Tinha bons índices de audiência, disputando a preferência do público com a TV Tupi e a Record.

---

23. Rui Falcão, entrevista à equipe em 27 de outubro de 2023.

24. As fontes são contraditórias em relação à porcentagem das ações adquiridas por Frias e Caldeira. Segundo Moya (2004, p. 252; p. 275-276), teria sido 50%. Pinto (2012, p. 44), por sua vez, afirma que seria um terço das ações.

25. A Excelsior foi a primeira emissora no país a introduzir uma grade simultaneamente vertical (com programas que eram exibidos em horários fixos ao longo do dia) e horizontal (com programação regular ao longo da semana). A grade de programação racionalizou a produção televisiva e foi essencial para firmar um modelo de negócios para o veículo, baseado na comercialização de espaços publicitários. Adotado, em seguida, pela TV Globo, este modelo de negócios foi um fator decisivo para o seu sucesso comercial. Ver Ribeiro, Sacramento e Roxo (2010).

A empresa, entretanto, se encontrava numa situação complicada devido à grave crise política e financeira em que estava envolvida a família Simonsen, proprietária da emissora e de outros negócios, como a Panair (empresa aérea), a Comal e a Wasin (empresas de processamento e exportação de café) e o Banco Noroeste. O patriarca, Mário Wallace Simonsen, assim como Samuel Wainer, era muito próximo de João Goulart. Com o golpe, teve seu patrimônio destruído em consequência de perseguição política.

A história da destruição de um dos mais sólidos grupos econômicos do país é conhecida e foi registrada pela própria Comissão Nacional da Verdade (Brasil, 2014b, p. 325). Ainda antes da queda de Jango, Simonsen foi acusado de desvio do erário público por meio dos seus negócios com o Instituto Brasileiro de Café (IBC). Sob a liderança do deputado udenista Herbert Levy (o mesmo que era proprietário do Notícias Populares), foi instituída uma Comissão Parlamentar de Inquérito para investigar as denúncias de irregularidades na Comal[26]. Foi identificado um desvio de quantia equivalente a 23 milhões de dólares. O Grupo Simonsen teve, então, todos os seus bens sequestrados pelo governo federal para pagar a dívida. A TV Excelsior passou a ser administrada por um interventor.

Simonsen aguardava o desfecho do caso na Europa, quando faleceu. Seus advogados de defesa conseguiram apresentar à União bens avaliados no valor da dívida. Mesmo assim, todos os negócios foram perdidos, com exceção da Excelsior, que voltou para as mãos da família, como bem hereditário. Poucos meses depois, entretanto, o herdeiro, Wallace Simonsen Neto, decidiu vender a TV para Edson Leite e Alberto Saad, diretores da emissora em São Paulo, e para o

---

26. O deputado Herbert Levy — que também tinha negócios no ramo cafeicultor — moveu uma campanha contra Simonsen, usando tanto a tribuna da Câmara quanto os seus jornais, Gazeta Mercantil e Notícias Populares.

Grupo Folha. Em 1968, Leite e Saad acabaram vendendo sua parte para Frias e Caldeira, que passaram a deter a totalidade acionária da empresa[27].

Sob o controle exclusivo do Grupo Folha, em 1969, a situação financeira da Excelsior — na verdade uma rede de televisão composta por quatro emissoras: a TV Excelsior de São Paulo (SP), a TV Excelsior do Rio (RJ), TV Gaúcha (RG) e TV Vila Rica (MG) — piorou ainda mais. Tanto Edson Leite como Alberto Saad apontam o desinteresse dos novos donos como o motivo da falência da emissora (Moya, 2004, p. 281). Segundo o advogado José Dias, a Folha seria responsável pela falência da Excelsior, por causa de má gestão (Moya, 2010):

> Portanto, se for analisar profundamente, quem quebrou a Excelsior foi o Grupo Folha. Se tivesse continuado sem a intervenção de Octavio, a emissora teria continuado tropeçando, mas poderia ter se recuperado. Só que, com a Folha, o passivo aumentou muito. Praticamente foi dobrado em dois anos, com a compra de filmes e a contratação de artistas. Foram duas medidas sem retorno, porque a audiência não melhorou. E sem audiência não tem receita publicitária. Dobraram o passivo com compras inúteis. Acharam que iriam estourar no mercado. Pelo contrário, nesse período, a Excelsior foi mal dirigida. E, quando isso acontece, a tendência é quebrar (Dias apud Moya, 2004, p. 328)[28].

---

27. Edson Leite teria sofrido pressões de Frias e Caldeira para que aumentasse o seu capital na empresa. Como ele não dispunha de recursos para isso, acabou vendendo sua parte para o Grupo Folha e deixou a emissora. Alberto Saad teria alegado desgosto por causa de intrigas que tentavam envolvê-lo nos problemas financeiros da empresa, que não seriam da competência de seu setor (Moya, 2004, p. 275).

28. O advogado tinha em seu escritório um processo judicial de dezoito volumes que, segundo ele, provava essa responsabilidade. Uma colega de escritório de José Dias, Maria Elvira Calazans, foi nomeada síndica da massa falida da Excelsior. Por isso, o advogado tinha acesso ao processo. Mas, ainda que se tenha tentado provar a responsabilidade da Folha na falência da Excelsior, a Justiça concluiu que não havia elementos suficientes para comprovar a culpa da empresa.

O fato é que quando a concessão da Excelsior foi cassada, em setembro de 1970, o Grupo Folha já tinha estrategicamente se desligado da emissora. No ano anterior, numa operação mal esclarecida, Frias e Caldeira venderam de volta a empresa, já completamente falida e com uma dívida de 40 milhões de cruzeiros[29], para Wallace Simonsen. Na negociação, eles ficaram com os imóveis no Rio e em São Paulo, inclusive com os estúdios da Vila Guilherme. Em entrevista concedida a Álvaro de Moya, Simonsen explicou a situação:

> Um advogado do grupo [Folha] me propôs a compra novamente... Eu não tive discernimento e comprei... Jogaram a coisa para estourar em cima de mim (...) Na ocasião, eles (os donos anteriores) foram muito malandros porque eles transferiram para mim... as concessões, os equipamentos... mas os imóveis não... (Simonsen apud Moya, 2004, p. 281).

Em outubro de 1971, o Sindicato dos Radialistas da Guanabara enviou um documento ao Senado denunciando várias irregularidades envolvendo a falência da Excelsior e revelando que Frias e Caldeira tinham se apropriado de 182.897,94 cruzeiros de Imposto de Renda descontado na fonte dos empregados, além de transferirem ilegalmente os equipamentos do antigo Canal 9 para a TV Gazeta[30], que foi inaugurada por eles em 1970, como veremos.

Furto de equipamentos e de automóveis, sonegação fiscal, descumprimento de leis trabalhistas e dívidas generalizadas foram algumas das muitas denúncias envolvendo o Grupo Folha e a TV Excelsior. Apresentaremos mais detalhes sobre a questão adiante. Vale registrar

---

29. Um bom negócio, só para alguns. *O Estado de S. Paulo*, ano 93, n. 29.725, p. 28, 27 de fevereiro de 1972.

30. TV Excelsior é a causa de protesto. *O Estado de S. Paulo*, ano 92, n. 29.605, p. 16, 8 de outubro de 1971.

que até o Serviço Nacional de Informações (SNI) disse que o Grupo Folha se envolveu em uma "transação irregular" para adquirir o controle acionário da TV Excelsior. O documento afirma, ainda, que todas as empresas do grupo deviam vultosas importâncias ao Imposto de Renda e ao Instituto Nacional de Previdência Social (INPS), além de contar com "numerosas queixas referentes a descumprimento da legislação trabalhista"[31].

A AGÊNCIA FOLHA E A MODERNIZAÇÃO TECNOLÓGICA

Em 1967, foi fundada a Agência de Notícias Folhas (que depois perderia o "s" final), uma espécie de sucessora do Departamento de Interior, Correspondentes e Sucursais (Dics). Tinha o objetivo de centralizar a produção noticiosa de forma a baratear os custos de produção dos jornais. Tratava-se de um núcleo de repórteres e fotógrafos que abastecia todos os periódicos do grupo e evitava a concorrência entre eles na cobertura de um mesmo evento. Caberia a cada redação imprimir uma marca própria às informações fornecidas igualmente a todos pela agência (Taschner, 1992, p. 161). A Agência Folhas, assim como o Dics antes dela, era um setor importante no controle interno de informações e na censura às redações, como explicaremos melhor adiante.

Vale mencionar, por ora, que a criação da agência gerou um desconforto entre os jornalistas. Isso porque o Grupo Folha deu um acréscimo salarial de 25% para os profissionais que passaram a trabalhar nesse setor. O Sindicato dos Jornalistas Profissionais no Estado

31. SERVIÇO NACIONAL DE INFORMAÇÕES. Agência São Paulo. Ficha Individual. Octavio Frias de Oliveira. Encaminhamento nº 350/SNI/ASP, 21 de março de 1969. Instrução nº 006/68-GAB. *Arquivo Nacional*, Fundo Serviço Nacional de Informações, notação br_dfanbsb_v8_mic_gnc_aaa_69000263_d0001de0001.

de São Paulo reclamou. Em agosto de 1967, em editorial publicado no jornal Unidade, o presidente da entidade, Adriano Campanholi, criticou aqueles que aceitavam tal proposta e reclamou da posição monopolista que o Grupo Folha ia assumindo no mercado jornalístico: "Não aceitem ridículos adendos salariais. Aqueles que agem em detrimento do nosso interesse geral podem estar certos de que mais dia menos dia, toda a categoria estará em dificuldades, inclusive eles próprios, vítima de sua falta de espírito de classe" (Campanholi apud Roxo, 2013, p. 94-95).

Ainda em 1967, o Grupo Folha se expandiu mais e modernizou os processos de produção de seus jornais. A empresa adquiriu equipamentos caros e sofisticados, que rodavam em offset, técnica que permitia a impressão dos periódicos em melhor qualidade, em maior volume, de forma mais rápida e com menor custo. O maquinário colocaria a Folha em uma "nova era jornalística", sendo a primeira empresa brasileira a utilizar dessa técnica em grandes tiragens (Mota e Capelato, 1981, p. 20).

Para implantar essa tecnologia, a Folha conseguiu recursos do Grupo Executivo da Indústria de Papel e Artes Gráficas (Geipag)[32], órgão criado pelos militares, em 1966, com o objetivo de disciplinar e estimular o desenvolvimento do setor. De acordo com Taschner (1992, p. 112-113), os investimentos do Geipag teriam ocasionado uma "revolução técnica no setor, recuperando um atraso de meio século". Além disso, o estímulo de incentivos teria feito com que muitas empresas pequenas e médias se descapitalizassem, pois muito maquinário acabava sendo importado sem a devida infraestrutura das empresas. Isso fez com que se impulsionasse também um processo de concentração, já que a política do governo foi se tornando mais seletiva, facilitando incentivos às empresas que tivessem, de fato, uma estrutura compatível.

32. BRASIL INDUSTRIAL (1968-1969).

O Grupo Folha fez um financiamento através do Banco do Brasil, com o aval do Banco de Investimento Fiducial de Comércio e Indústria, e obteve também recursos da Agência dos Estados Unidos para o Desenvolvimento Internacional (USAID) no valor de 3,5 bilhões de cruzeiros antigos[33].

Para implementar o offset foi preciso mobilizar uma operação de guerra para receber 300 toneladas de equipamentos importados. Uma área de dois mil metros quadrados foi destinada para abrigar as novas impressoras. Para isso, a Construtora Camargo Corrêa foi mobilizada, como explica o texto do Almanaque Folha[34]:

> As grandes caixas começaram a chegar por navio ao Rio de Janeiro no dia 2 de maio de 1967. Era a 'off-set' que chegava. O segundo conjunto de máquinas chegou no dia 8 e o terceiro no dia 11 de maio. Com intervalo de seis dias elas eram entregues em São Paulo. O prédio onde seriam instaladas estava

---

33. Nova impressão põe Folha na era eletrônica. *Folha de S.Paulo*, ano XLVII, n. 14.107, p. 1, 30 de janeiro de 1968. A USAID surgiu em 1961 como reforço à política externa norte-americana e esteve fortemente ligada às políticas intervencionistas nos países latino-americanos. No caso brasileiro, é notório o envolvimento da agência no acordo MEC-USAID, que interveio no contexto de "modernização" da educação no país, além de casos relativos às polícias políticas (Motta, 2010, 2014) Neste último caso, há indícios de que a Office of Public Safety (OPS), seção de segurança pública criada dentro da USAID, tenha intervindo no treinamento do aparato repressivo da ditadura. Segundo Huggins (1998), os agentes da OPS agiram livremente entre os órgãos de repressão no Brasil, dentre eles o DOPS, a Oban e os DOI-CODI. A proposta de criação da Oban teria se dado, inclusive, a partir do envolvimento de agentes da USAID/OPS que estiveram presentes no Primeiro Seminário de Segurança Interna, em Brasília, no ano de 1969.

34. Disponível em: **http://almanaque.folha.uol.com.br/textos/brasil_19680130_folha.htm**. Acesso em: 28 de julho de 2023.

> em fase final de construção, numa corrida contra o relógio, trabalhando-se 24 horas por dia. As grandes caixas eram empilhadas no pátio do jornal.
>
> Os componentes da fotomecânica, um complexo conjunto de aparelhos eletrônicos ultra-sensíveis, vieram por via aérea. Eram os primeiros a serem exportados de seus países produtores: Itália, Alemanha Ocidental, Inglaterra e Estados Unidos.
>
> Pequenas dificuldades surgiram então. O volume e o peso dos conjuntos de máquinas exigiam um tipo especial de transporte, para transferi-los do pátio para o edifício onde seriam instalados (cada conjunto de duas unidades pesa 16 toneladas). Era impossível carregá-los a braços. Com os guindastes comuns também não. O socorro a tempo veio da Construtora Camargo Corrêa, que ofereceu dois tipos especiais de guindastes de haste curta, utilizados em suas construções de pontes.

Em 1970, o jornal anunciou a aquisição de uma Goss Metro Offset, "a mais moderna rotativa off set até hoje fabricada"[35]. A máquina, composta por 10 unidades impressoras e três dobradeiras duplas, era capaz de imprimir eletronicamente 360 mil exemplares de jornal por hora. O equipamento pesava 500 mil quilos, tinha 8,7 metros de altura, 4,5 de largura e 35,5 de comprimento. Era alimentado por bobinas de papel no subsolo, a três metros de profundidade. A Folha foi um dos primeiros jornais do mundo a rodar com esse sistema, a partir de 1971. Na ocasião, o grupo contava com o segundo maior equipamento de impressão do mundo, sendo superado apenas pelo maquinário do jornal britânico Daily Mirror.

35. A Folha de S.Paulo adquire a mais moderna rotativa "offset" até hoje fabricada. *Folha de S.Paulo*, ano L, n. 15.022, p. 8-9, 2 de agosto de 1970.

A CIDADE DE SANTOS E A FOLHA DA TARDE

Ainda em 1967, em 1º de julho, o Grupo Folha lançou o jornal Cidade de Santos, no município natal de Carlos Caldeira Filho. Foi o primeiro periódico do Grupo Folha a ser todo impresso em offset. Seu primeiro editor foi Sérgio Paulo Freddi, jornalista com bom trânsito entre os militares, que posteriormente seria nomeado por Médici assessor especial de Relações Públicas da Presidência da República em São Paulo.

Antes de assumir a Folha da Tarde, Antônio Aggio Júnior — que era repórter especial da Folha de S.Paulo, na capital paulista desde 1964[36] — fez parte da equipe que fundou e comandou o jornal santista. O jornalista conta que foi convidado por Freddi para montar o novo jornal em um período de apenas dois meses, já que a edição inaugural deveria ser publicada em 1º de julho, dia do aniversário de Carlos Caldeira Filho[37]. Frias queria fazer uma "surpresa" para o sócio, dando-lhe de presente um veículo que pudesse fazer frente ao jornal A Tribuna[38], dominante na cidade desde o fim do século XIX.

Vários profissionais da Folha foram deslocados para o Cidade de Santos. Jornalistas jovens, recém-formados, também foram contratados. Freddi chefiava a redação, enquanto Aggio era o número dois, responsável pela reportagem. Segundo o jornalista, foi um "jornal maravilhoso, um jornal combativo, que marcou época em Santos"[39].

---

36. Antônio Aggio começou a trabalhar na Folha como repórter policial, em 1957, ainda antes do jornal ser comprado por Frias e Caldeira. Foi chefe de reportagem e, no período do Cláudio Abramo, tornou-se repórter especial.

37. Entrevista de Antônio Aggio Junior ao Projeto de História Oral da Folha, 26 de março de 2003.

38. A Tribuna foi fundada, em Santos, no dia 26 de março de 1894, e continua em circulação.

39. O jornal Cidade de Santos circulou até agosto de 1987. O jornalista José Alberto Moraes Alves Blandy, que trabalhava no jornal desde sua fundação, era o editor responsável.

Em 1979, Carlos Caldeira Filho foi nomeado prefeito biônico de Santos. Mesmo exercendo um cargo do Poder Executivo, o empresário não se afastou dos seus negócios. Continuou à frente do grupo de comunicação que controlava um dos principais jornais da cidade que ele administrava.

O ano de 1967 foi marcante na história de expansão do Grupo Folha. Em 19 de outubro daquele ano, Frias e Caldeira decidiram relançar o vespertino Folha da Tarde, para concorrer com o Jornal da Tarde, do Grupo Estado, lançado com sucesso em janeiro de 1966. Jorge Miranda Jordão, que dirigia a Ultima Hora do Rio, foi convidado para assumir o comando do jornal e montou uma equipe com muitos jornalistas ligados à esquerda. Carlos Alberto Libânio Christo, o Frei Betto, foi chefe de reportagem. Outros militantes da Ação Libertadora Nacional (ALN), como Luiz Roberto Clauset, Rose Nogueira e Carlos Guilherme Mendonça Penafiel, e do Partido Operário Comunista (POC), como Luiz Eduardo Merlino, compunham a sua redação. Fizeram ainda parte da equipe Chico Caruso, José Maria dos Santos, Paulo Sandroni, Raimundo Pereira, Tonico Ferreira e Vicente Wissenbach.

A proposta do jornal, nesse período, era seguir a linha bem-sucedida do JT, dando uma ampla cobertura ao movimento estudantil e captando o clima de contestação da época. Essa linha editorial, contudo, teria vida curta. Depois do AI-5, já em janeiro de 1969, a Folha da Tarde começou a mudar. Os profissionais ligados à esquerda foram afastados da redação e, em junho, com a alteração do comando, a publicação sofreu uma transformação radical, tornando-se um jornal totalmente alinhado ao regime, como veremos.

A FUNDAÇÃO CÁSPER LÍBERO

Frias e Caldeira expandiram ainda mais seus negócios ao assumirem, em setembro de 1968, o comando da Fundação Cásper Líbero, que havia sofrido intervenção do governo do estado. Naquele ano, Carlos Caldeira tornou-se vice-presidente da fundação e, com ele à frente da entidade, o Grupo Folha passou a ter o controle de mais dois jornais, A Gazeta e A Gazeta Esportiva, e de uma emissora de rádio, a Rádio Gazeta. Passou a dispor também da concessão do Canal 11, a TV Gazeta, que ainda não tinha entrado no ar, e de uma faculdade de jornalismo[40].

A reação contra a incorporação da Cásper Líbero ao Grupo Folha foi imediata. Já no dia 8 de dezembro, os sindicatos dos jornalistas, dos gráficos, dos radialistas, dos empregados de administração e dos publicitários, reunidos, fizeram publicar um memorial no qual expuseram suas preocupações com as medidas jurídicas, econômicas e administrativas que vinham sendo anunciadas como forma de resolver os problemas da fundação[41]. O documento demonstrava

40. Em dezembro de 1976, Caldeira assumiu a presidência da fundação, permanecendo no cargo até 20/04/1979.

41. A relação da Cásper Líbero com a Folha preocupava, porque os jornais da fundação passaram a ser impressos e distribuídos pela empresa de Frias e Caldeira, que obviamente recebiam por tais serviços. Isso os deixava vulneráveis aos interesses da Folha. E, de fato, dez anos depois, quando sua reeleição à presidência da fundação foi impugnada por um curador da entidade, Carlos Caldeira Filho se negou a aceitar a decisão. Ele afirmou estar tranquilo em relação à questão, pois contava com uma grande carta na manga: os serviços de impressão e distribuição dos jornais A Gazeta e A Gazeta Esportiva, realizados pelo Grupo Folha. "Caldeira reafirmou que a qualquer momento pode interromper esses serviços". *O Estado de S. Paulo*, 14 de março de 1978.

a estranheza em relação ao fato de uma entidade de direito especializado ser entregue ao controle de um grupo industrial-comercial que era seu concorrente no campo específico de atuação, o jornalismo escrito e falado. Expressava temor pelas consequências econômico-financeiras que a Fundação Casper Líbero poderia sofrer a médio e longo prazos[42].

O crescimento vertiginoso do Grupo Folha gerou desconfiança em diferentes setores sociais e denúncias de variados tipos. Levou, ainda, a que 39 deputados, sob a liderança de Muzeti Elias Antonio (MDB), encaminhassem à Assembleia Legislativa de São Paulo a proposta de abertura de uma Comissão Parlamentar de Inquérito para investigar as empresas. O requerimento número 1.229 foi feito no dia 10 de dezembro de 1968[43]. A principal preocupação dos deputados era a formação de um monopólio de comunicação, que estava colocando vários veículos sob uma só direção e orientação editorial. Mas o documento[44] também dava eco às denúncias que vinham sendo feitas pelo Sindicato dos Jornalistas e apontava para várias

---

42. Sindicato dos Jornalistas Profissionais no Estado de São Paulo. Secção Livre. Departamento Jurídico. *O Estado de S. Paulo*, ano 89, n. 28.707, p. 28, 8 de novembro de 1968.

43. DIÁRIO OFICIAL DO ESTADO DE SÃO PAULO, 12 e 13 de dezembro de1968.

44. Apesar de o pedido da Comissão de Inquérito ter sido encaminhado à Mesa da Alesp, parece que a proposta não se efetivou. No Sistema de Processo Legislativo, onde ficam as informações sobre as propostas legislativas, não encontramos referências ao requerimento 1.229/1968. Tudo indica que a CPI não foi instalada, porque a assembleia foi fechada pelo Ato Complementar número 47, de 7 de fevereiro de 1969, e só foi reaberta meses depois, em 1º de junho de 1970.

irregularidades envolvendo as empresas, inclusive as referentes ao desrespeito às leis do trabalho[45].

Assim que assumiram o controle da Cásper Líbero, Frias e Caldeira transferiram as redações dos jornais A Gazeta e A Gazeta Esportiva para o prédio da Folha, na Barão de Limeira[46]. Aos sócios interessava ter um diário especializado em esporte, pois assim poderiam diversificar ainda mais sua inserção no mercado editorial. A Gazeta Esportiva, por isso, recebeu atenção especial do Grupo Folha e, em dois anos, batia recordes de tiragem, vendendo mais de 500 mil exemplares. A rádio igualmente se estabeleceu bem, assumindo um perfil voltado mais para o esporte. A Gazeta teve, entretanto, um destino diferente. Talvez por concorrer na mesma faixa de público de outros periódicos do grupo, o jornal perdeu a força que tinha e deixou de circular em 31 de agosto de 1979. A partir dessa data, virou um encarte de A Gazeta Esportiva.

45. Ainda em relação às denúncias contra a Cásper Libero, há um documento do DEOPS-SP, de 21 de março de 1971, afirmando que a fundação, na figura de Octavio Frias e Carlos Caldeira, teria aplicado um "golpe" na casa dos 13 bilhões de cruzeiros. O motivo teria sido uma campanha promocional para custear a nova sede da entidade, na Avenida Paulista. Para tanto, os empresários teriam colocado à venda uma "quantidade considerável" de títulos e contratado os serviços da Cia Paulista de Promoções para realizar as transações. Segundo o documento, no entanto, Frias e Caldeira não teriam honrado seus compradores e a contratante. Esta última, que teria ido à falência, moveu uma Ação de Indenização por Violações de Cláusulas Contratuais contra o grupo na 6ª Vara Cível da cidade de São Paulo. O documento ainda relata que a "torpeza" dos diretores da Cásper Líbero chegou ao nível destes "afixarem" e "distribuírem" os endereços dos responsáveis pela Cia Paulista de Promoções, informando aos seus credores que estes seriam os verdadeiros responsáveis pela ação, "os quais vêm sendo procurados e ameaçados, em suas residências, inclusive seus familiares". Departamento de Ordem Política e Social. DEOPS, São Paulo, 29 de março de 1971. *Arquivo Público do Estado de São Paulo*, Fundo DEOPS, Dossiê 50-K-86-39.

46. Apenas em setembro de 1999, a redação e o arquivo de A Gazeta e A Gazeta Esportiva voltaram para o edifício da Fundação Cásper Líbero, na Avenida Paulista. A impressão ainda continuou a ser feita no Grupo Folha até 2001, quando A Gazeta Esportiva se tornou um portal: A Gazeta Esportiva.Net (Francfort, 2010, p. 59).

O AI-5 E O APOIO AO REGIME

Depois da decretação do AI-5, no final de 1968, e com o endurecimento da ditadura, o Grupo Folha passou a adotar uma posição ainda mais explícita de apoio ao regime. Começou a praticar a autocensura de forma sistemática, a partir de um rígido controle interno, facilitado pela concentração do fluxo de informação na Agência Folhas. À frente da agência estava Paulo Nunes, que tinha relações próximas com a repressão[47]. Rubens Glasberg, então editor de Política da Folha, fala sobre o jornalista:

> Ele era um repórter de polícia que todo mundo sabia que era alcaguete. Ele ficava na redação, mas ninguém o levava muito a sério, porque era um sujeito primário. Era desses repórteres da antiga, que vinham à redação e ditavam a matéria para um redator, um copidesque, porque eles não redigiam bem, o português era claudicante. Então, o sujeito ficava encostando ali, tentando ouvir uma conversa. Quando veio o AI-5, eu fiquei perplexo, porque, de repente, aparece o Paulo Nunes com um charuto na boca, entrando como chefão na sala do Cláudio Abramo, abrindo a porta sem pedir licença, sem nada[48].

---

47. As relações de Paulo Nunes com a repressão até hoje são pouco esclarecidas. Foi ele o responsável por acompanhar Vladimir Herzog no DOI-CODI, tendo inclusive dormido em sua casa para garantir que este fosse encaminhado à Rua Tutóia no dia seguinte. Audálio Dantas, presidente do Sindicato dos Jornalistas à época do assassinato de Vlado, confirma a suspeição a respeito de Nunes, bem como de Clarice Herzog, companheira do jornalista, por conta de sua ligação com o comando do II Exército (Dantas, 2012, p. 214).

48. Rubens Glasberg, entrevista à equipe em 26 de julho de 2023.

Em junho de 1972, a Agência Folhas passou para o comando de Luiz Carlos Rocha Pinto, que se tornou o principal interlocutor da empresa com os censores. Ele era contratado como jornalista da Folha, mas era também delegado da Polícia Civil. Oscar Pilagallo (2005) explica como funcionava o processo: Rocha Pinto recebia diariamente telefonemas da Polícia Federal — eram de duas a quatro ligações por dia, em média. O agente informava qual era o assunto proibido, o jornalista datilografava o comunicado em várias cópias e distribuía aos editores dos jornais e à direção da empresa. Os editores formalizavam o recebimento dos comunicados, assinando-os. Rocha Pinto ficou na agência até 1982 e, depois, foi trabalhar na área de circulação da Folha. Em 2005, ele já não trabalhava havia mais de dez anos para o jornal, mas continuava a receber salário integral. "Sou herói de guerra", afirmou, para explicar o tratamento especial recebido pela empresa.

A ideia da autocensura é geralmente vista como uma espécie de "acordo forçado" (Smith, 2000) que se estabeleceu entre o regime e setores da grande imprensa, como foi o caso da Folha, que de maneira geral consentiu com as proibições. Banalizando-se como uma prática cotidiana, este consentimento se dava tanto pelo endosso e/ou acatamento da repressão como por obediência às regras impostas. Um "oportunismo pragmático" que, portanto, nunca era transparente, pois diluía as responsabilidades daqueles que impunham as restrições e dos que as acatavam.

A prática da autocensura não deixava sequer cicatrizes, como bem apontou o jornalista Bernardo Kucinski (1998), pois suprimia a premissa de que a informação estava sendo controlada. Os jornais só publicavam, assim, as informações que lhes eram convenientes e/ou adequadas para manter a continuidade de suas empresas. Se o decreto do AI-5 teria, portanto, dado um fim à autonomia jornalística, não há como negarmos também que muitas empresas souberam se adaptar muito rapidamente à nova situação imposta. Por ser um tipo de censura "envergonhada" e "defensiva", a autocensura tornou-se a "solução preferida" para os proprietários dos grandes jornais, já que ela não chegava a afetar drasticamente o modo de produção de seu jornalismo, como fizera por exemplo a censura prévia (Kucinski, 1998).

A Folha praticou autocensura conivente com a ditadura e conveniente para si mesma, já que o jornal silenciava sobre o que julgava oportuno, mas se posicionava explicitamente quando pretendia defender determinados interesses. Dito isso, sua postura não pode ser relativizada como uma simples perda de autonomia, muito menos como mera atitude defensiva. A autocensura que vigorou na Folha não foi necessariamente decretada como um "acordo forçado" imposto pelos militares.

É importante pontuarmos essa questão, pois o período de recrudescimento do regime, principalmente após o AI-5, é geralmente interpretado pela empresa, conforme vimos, como o momento de sua "revolução tecnológica", orientada por ditames estritamente econômicos. Mais do que isso, é visto também como um momento em que o jornal se isentou dos embates políticos de seu tempo, já que se encontrava em dificuldade financeira e pouco poderia se manifestar. Essa teria sido uma "decisão estratégica" da empresa, que optou por acatar a imposição dos militares, como afirmou Otávio Frias Filho em depoimento a Taschner (1992).

Frias, em outra entrevista, admitiu que o Grupo Folha deu uma virada mais explicitamente conservadora a partir de 1969, mas justificou essa posição, mais uma vez, por causa da vulnerabilidade financeira das suas empresas. Segundo ele, não haveria como resistir às pressões do governo: "Enfrentar seria bravata. (...) Fechar *O Estado* era tarefa difícil. Fechar a *Folha* era coisa facílima" (Frias apud Pilagallo, 2005). Segundo essa versão, a decisão de Frias e Caldeira parece ter sido orientada essencialmente por uma visão pragmática, que teria sido uma marca da sua condução nos negócios e o elemento essencial que lhes garantiu sucesso e crescimento empresarial.

No entanto, as atitudes do Grupo Folha não podem ser entendidas apenas como uma questão tática e/ou estratégia de consentimento. A empresa foi além do "oportunismo pragmático" e atuou a partir de uma clara identificação e afinidade de interesses com o regime em curso. A (auto)censura na empresa ia além de uma simples imposição dos militares e, dentro das redações, era executada por jornalistas-censores-policiais que atuavam com o regime de forma colaborativa. Para dar continuidade à sua "revolução tecnológica", foi preciso assumir responsabilidades e atuar como um ator político fundamental, conforme veremos.

A REFORMA DA FOLHA DA TARDE E OS AGENTES DA REPRESSÃO

Foi exatamente nesse período, após o AI-5, que a Folha da Tarde sofreu mudanças radicais. Frei Betto foi afastado da redação logo em janeiro de 1969. Miranda Jordão ficou até maio e foi substituído por Antônio Pimenta Neves, que ficou até junho, quando o jornal passou para o comando de Antônio Aggio Junior. Os vínculos de Aggio com a polícia eram conhecidos. Desde 1962, ele ocupava um cargo administrativo na Secretaria de Segurança Pública de São Paulo e atuava como assessor do delegado Romeu Tuma, que, por sua vez, assessorava o delegado Sérgio Paranhos Fleury no Departamento Estadual de Ordem Política e Social de São Paulo (DEOPS-SP). Durante todo o tempo em que trabalhou como jornalista do Grupo Folha recebeu também salário do aparelho policial do estado, segundo ele próprio admite[49]. Além disso, Aggio era afilhado e tinha relação próxima

---

49. Entrevista de Antônio Aggio Junior ao Projeto de História Oral da Folha, 26 de março de 2003.

com o coronel Antônio Lepiane, uma das lideranças do golpe, que se tornaria o primeiro comandante da Operação Bandeirante (Oban)[50].

Aggio afirmou que, ao assumir a Folha da Tarde, encontrou uma excelente redação: "Nós tínhamos reportagem, tínhamos tudo direitinho [...]. Era um jornal mesmo, jornal para valer, não era subproduto"[51]. Ainda assim, para reestruturar o jornal sob seus termos, a partir da nova orientação político-editorial de seus dirigentes, admitiu que afastou mais ou menos a metade dos cerca de 150 jornalistas que ali trabalhavam. Em outro depoimento, dado à Cleofe Sequeira (2000, p. 110), ele afirmou que foram aproveitados apenas 30% do pessoal da antiga redação: "Ficaram os bons profissionais e os que não tinham ligação direta com a linha editorial do jornal anterior".

Antônio Aggio levou para a Folha da Tarde vários jornalistas que também eram policiais e trabalhavam como agentes da repressão[52]. Esse é o caso de Carlos Dias Torres (investigador de polícia), que assumiu o cargo de secretário-geral, e de Horley Antonio Destro (policial), que se tornou chefe de reportagem do jornal. Mas havia vários outros, como Carlos Antônio Guimarães Sequeira (delegado e agente do DEOPS-SP), Edson Corrêa (major da PM) e Antônio Bim (delegado). Em 1984, quando da demissão de Antônio Aggio, de Claudio Dias Torres e de um outro jornalista chamado Adhemar Langhi, o Centro de Informações da Aeronáutica (CISA) produziu um relatório em que afirmava: "Todos foram jornalistas com livre

---

50. Lepiane era chefe do Estado Maior da 2ª Divisão de Infantaria do Exército em São Paulo quando Carlos Lamarca protagonizou o episódio de apropriação das armas do 4º Regimento de Infantaria de Quitaúna, em Osasco.

51. Entrevista de Antônio Aggio Junior ao Projeto de História Oral da Folha, 26 de março de 2003.

52. A participação de policiais na redação da Folha da Tarde foi um dos aspectos importantes analisados pela historiadora Beatriz Kushnir no livro "Cães de Guarda: jornalistas e censores do AI-5 à Constituição de 1988".

acesso nas organizações militares das três armas, na área de São Paulo, para cobertura de eventos militares"[53].

Sob o comando de Aggio, a FT passou a apoiar editorialmente, de forma irrestrita, a ditadura militar, assumindo a posição de colaborador das forças da repressão. A análise dos seus exemplares não deixa dúvidas do porquê o periódico ser conhecido como o órgão oficial da Operação Bandeirante ou, nas palavras de Cláudio Abramo (1988, p. 87), o "jornal mais sórdido do país". É verdade que os opositores do regime eram considerados inimigos e identificados como criminosos e "terroristas" em todos os jornais do Grupo Folha, inclusive na Folha de S.Paulo. Mas a Folha da Tarde pesava a mão na adjetivação[54]: os militantes de esquerda eram chamados de "facínoras", "assassinos", "maníacos" e "loucos". As notícias eram anguladas com o intuito não apenas de defender as ações dos militares, mas de tornar legítimas as graves violações aos direitos humanos perpetradas contra os opositores do regime[55].

Aggio conta uma história curiosa a esse respeito. Quando assumiu a Folha da Tarde, era proibido, por parte da censura, noticiar atos considerados "terroristas". Cerca de quatro dias depois de ter assumido a direção do jornal, ele resolveu cobrir a morte de um casal em

---

53. ARQUIVO NACIONAL, Fundo Centro de Informações da Aeronáutica, notação br_dfanbsb_vaz_0_0_17666_d0001de0001.pdf.

54. Para mais informações sobre o noticiário da Folha da Tarde, ver Sequeira (2000).

55. A Folha da Tarde era tão pró-regime que até mesmo os órgãos repressivos, que atuavam a partir da mais ampla lógica de suspeição, falavam dessa característica do jornal. Em um relatório de 1975 que buscava caracterizar a "linha básica de atuação" dos jornais do país, o Serviço Nacional de Informações assim caracterizava a Folha da Tarde: "campo político — o jornal mantém posição neutra tendendo mais para apoiar o Gov Fed; campo externo — o jornal combate abertamente o MCI [Movimento Comunista Internacional]". Arquivo Nacional, Fundo SNI, notação br_dfanbsb_v8_mic_gnc_aaa_74094541_d0001de0001.

uma suposta emboscada: "Está proibido falar de terrorismo? Nós vamos falar de terrorismo (...). Eu vou dar uma manchete maluca: 'Bando terrorista mata e queima casal'"[56]. Após a publicação da notícia, Carlos Dias Torres, então chefe de reportagem do jornal, teria sido preso e ligado para Aggio. Ele foi, então, negociar a soltura do colega e, em conversa com o general Silvio Correia de Andrade, então superintendente da Polícia Federal de São Paulo, o teria convencido de que o raciocínio de não noticiar o "terrorismo" estava errado:

> porque, embora concordando que, realmente, o terrorista procura a repercussão dos seus atos, (...) tem o outro lado da medalha: **a população fica com ódio, entendeu? Fica com raiva** (...). Eu convenci o porra do general (...). Eu falei: (...) "Tem gente aqui com muitos anos de experiência em termos de imprensa. O que o senhor está falando está errado. Está errado esse negócio de impedir esse tipo de noticiário." (...) Ele ficou agradecido. Daí para a frente, [o general Silvio] virou um cara maravilhoso. Podia ligar para ele a hora que eu quisesse (...). **Rompida essa barreira — porque o que eu queria era isso, era a manchete do terrorismo para vender jornal —, daí para a frente deitamos e rolamos**[57].

Sobre o mesmo assunto, Aggio conta a Sequeira (2000) que o general Silvio Correia de Andrade só foi convencido após ele redigir um documento explicando a situação diretamente ao ministro da Justiça, Alfredo Buzaid. Segundo seu depoimento, o documento foi redigido com a anuência e a participação do chefe do Departamento Jurídico do Grupo Folha, Francisco de Assis Rangel Pestana.

---

56. Entrevista de Antônio Aggio Junior ao Projeto de História Oral da Folha, 26 de março de 2003.

57. Entrevista de Antônio Aggio Junior ao Projeto de História Oral da Folha, 26 de março de 2003, grifos nossos.

> Peguei o Rangel Pestana, falei: "Dr. Rangel, aconteceu isso, pá, pá, pá, pá, e eu queria que o senhor desse uma lida no que eu vou fazer, no que eu vou escrever, o senhor tem muito mais experiência". Aí o Rangel releu, corrigiu, fez um monte de alteração e tal (...) fizemos um puta, um bom trabalho (...). No dia seguinte o ministro estava aqui às 9h da manhã (...) deu certo[58].

A nova linha editorial fez com que a Folha da Tarde atingisse, em três meses, a tiragem de 30 mil exemplares diários[59]. Aggio conta que organizou uma grande festa para comemorar o recorde inicial de vendas: "Eu telefonei para o Caldeira, e ele deu ordem para a Rodoviária me dar uns barris de chope. Fizemos uma puta de uma gandaia com o pessoal das oficinas e tudo o mais". Em seis meses, a tiragem chegou a 50 mil exemplares, atingindo o auge de 160 mil exemplares vendidos nas segundas-feiras, que era o dia de maior circulação do jornal[60].

De acordo com Aggio, foi a estratégia de usar manchetes de impacto, sempre ou quase sempre vinculadas ao "terrorismo", que fez a tiragem da Folha da Tarde crescer em progressão geométrica: "A partir daí não se tinha mais controle sobre as vendas (...). E festejávamos. De nossas festas, participavam representantes de toda a empresa, da circulação, da oficina, das redações e dos outros jornais.

---

58. Entrevista de Antônio Aggio Junior ao Projeto de História Oral da Folha, 26 de março de 2003.

59. De acordo com Sequeira (2000), quando Aggio assumiu a Folha da Tarde era impressa uma média de três mil exemplares, sendo 1.500 com distribuição gratuita.

60. Entrevista de Antônio Aggio Junior ao Projeto de História Oral da Folha, 26 de março de 2003. Vale explicar que a Folha da Tarde era um vespertino. Os vespertinos, normalmente, não circulavam aos domingos e tinham seu dia de maior vendagem nas segundas-feiras, quando os matutinos deixavam de circular. Esses últimos sempre tiveram seu pico de venda aos domingos.

Os salgadinhos vinham da Rodoviária, ou seja, o Frias patrocinava as nossas comemorações"[61]. O jornalista Jorge Okubaro, que ocupou o cargo de subsecretário de redação na Folha da Tarde, se recorda dessas comemorações: "Não me esqueço que, nas festas que o Aggio fazia, (...) não raras vezes, uma pessoa de nome Sérgio Fernando Paranhos Fleury aparecia, cercado de vários asseclas"[62].

Aggio costumava comemorar o aniversário do jornal com almoços festivos, nos quais compareciam figuras que lhe eram próximas, como Lepiane, Erasmo Dias e Romeu Tuma, além de Fleury. O jornalista Boris Casoy relembra: "No aniversário da Folha da Tarde, vinha o Fleury. (...) Trazia o pessoal de direita ligado a ele, o pessoal da polícia". Segundo Casoy, Aggio tinha uma boa relação com os donos do jornal: "Ele era uma pessoa que cumpriu os propósitos que tinham sido traçados para ele, e era um funcionário leal (...) era uma pessoa de confiança que satisfazia a orientação, os desejos, o mercado que Frias e Caldeira desejavam, assim como o editor do Notícias Populares".

Dados do Ibope sobre a venda avulsa de jornais demonstram que a Folha da Tarde chegou a ser o jornal do Grupo Folha mais vendido em banca, entre os anos de 1973 e 1978, com números muito superiores aos da própria Folha de S.Paulo.

---

61. Depoimento de Aggio para Sequeira (2000, p. 116).

62. Jorge Okubaro, entrevista à equipe em 13 de fevereiro de 2023.

Ibope, média de venda avulsa de jornais

ANOS	JORNAIS											
	NP	FSP	UH	GAZ	GE	FT	DN	DSP	JT	EST.SP	DT	DPT
1971	13,0	14,5	3,5	2,1	8,1	9,4	13,7	1,0	12,7	10,1	9,0	1,5
1972	12,7	13,5	2,8	1,5	8,0	12,4	11,9	0,8	12,5	10,1	9,8	2,7
1973	13,1	12,4	2,0	0,8	6,5	14,6	11,5	1,0	13,8	10,0	9,3	4,5
1974	12,7	12,2	1,5	0,7	6,9	16,9	10,1	0,8	15,4	9,6	8,6	4,2
1975	12,2	12,8	1,0	0,5	6,8	18,8	9,3	0,7	15,5	9,3	9,0	3,5
1976	12,4	12,9	1,1	0,3	6,3	18,4	8,1	0,5	16,7	8,6	8,9	4,9
1977	13,0	12,0	1,1	0,3	7,1	16,8	7,4	0,5	17,7	7,5	8,9	7,4
1978	13,3	11,9	1,1	0,3	6,8	16,5	6,9	0,6	17,4	7,5	10,0	7,6

FONTE: Ibope, boletins mensais do serviço de controle da venda avulsa de jornais. Médias calculadas. 1971: média de setembro a dezembro; 1978: média do primeiro trimestre. (Sequeira, 2000, p. 117).

Frei Betto afirma que Frias e Caldeira, ao transformar radicalmente a linha editorial da Folha da Tarde, visavam favorecer seus negócios, agindo por "tino comercial e falta total de escrúpulos"[63]. Jorge Okubaro concorda. Segundo ele, a mudança editorial brusca e despudorada da Folha da Tarde foi decisão direta de Octavio Frias, que era um "homem esperto o bastante para saber para onde sopravam os ventos, e os ventos da repressão começaram a soprar mais forte. E ele foi se valer desses ventos para fazer crescer a sua empresa, e o fez com brilhantismo do ponto de vista numérico"[64].

É importante esclarecer que não era apenas na Folha da Tarde[65] que funcionava um núcleo de agentes ligados à repressão. Policiais se espalhavam também por outros veículos do Grupo Folha. No Notícias Populares havia vários: Waldemar Ferreira de Paula, assistente de Jean Mellé, era policial. Armando Gomide, que substituiu Mellé depois da sua morte, em março de 1971, era policial e ligado ao Serviço Nacional de Informação (SNI). Os funcionários do jornal suspeitavam, inclusive, de que ele trabalhasse como agente secreto e informante dos militares (Campos Jr. et al., 2002, p. 96). No Dics, trabalhava como diretor Paulo Nunes, que também tinha relações com a polícia; e, posteriormente, na Agência Folhas, formou-se um núcleo policial (Abramo, 1988, p. 87) no qual, além de Luiz Carlos Rocha Pinto, trabalhou o delegado Generoso Grutilla.

Além dos policiais e de pessoas diretamente ligadas à repressão, o Grupo Folha absorveu, em seus quadros funcionais, indivíduos que ficaram conhecidos como "os arrependidos". O termo se refere a jovens que tinham atuado em organizações de esquerda e protagonizaram

---

63. Frei Betto, entrevista à equipe em 11 de abril de 2023.

64. Jorge Okubaro, entrevista à equipe em 13 de fevereiro de 2023.

65. A Folha da Tarde era, jocosamente, conhecida como "o jornal de maior tiragem", devido ao grande número de tiras (policiais) que havia na sua redação.

processos de retratação pública, em especial por meio de entrevistas em veículos de comunicação e palestras em universidades, em que renegavam a luta armada e minimizavam as ações da repressão. As retratações eram promovidas pelos militares como forma de descredibilizar a resistência à ditadura. Em seus relatos testemunhais, os "arrependidos" contestavam a existência da prática de tortura nas prisões e proferiam elogios às realizações dos governos militares, visando dissuadir a juventude de qualquer engajamento contra o regime[66].

Dos cinco jovens "arrependidos" que haviam integrado os quadros da Vanguarda Popular Revolucionária (VPR), dois receberam guarida do Grupo Folha após se alinharem aos militares: Rômulo Romero Fontes e Marcos Vinicio Fernandes dos Santos.

Marcos Vinicio começou a se interessar por política ainda adolescente, se aproximando inicialmente do Partido Comunista Brasileiro (PCB). Ao se mudar de Osasco para São Paulo, passou a integrar os quadros da Organização Revolucionária Marxista — Política Operária (Polop). Rômulo iniciou sua militância no Nordeste do país, a partir de conexões com as Ligas Camponesas, num período que antecede o golpe de 1964. Em seguida, integrou o Partido Operário Revolucionário Trotskista (PORT) e, então, a VPR. Os dois foram presos em fevereiro de 1969 e ficaram conhecidos em todo o Brasil, a partir de maio de 1970, por conta do processo de arrependimento público (Gasparotto, 2008).

Rômulo Romero Fontes foi solto em 14 de julho de 1971 e teve dificuldades para encontrar emprego, sendo rejeitado em várias redações de jornais e revistas. Foi, então, que recorreu ao II Exército. Procurou o general Ernani Ayrosa da Silva, um dos fundadores da Oban. Ayrosa o encaminhou para um major, relações públicas do

---

66. Para mais informações sobre essas retratações, ver Gasparotto (2012) e Dockhorn (2002).

II Exército, a quem ele teria afirmado: "Eu vou voltar de novo. Só que eu vou voltar como o terrorista que a direita nunca teve. E vou botar tudo de cabeça pra baixo. Primeiro, eu vou caçar esses terroristas. Um por um. Não vai ser o Fleury não, serei eu"[67].

O major telefonou diretamente para Octavio Frias, solicitando um emprego ao rapaz. O pedido foi rapidamente atendido. Conforme consta de sua ficha funcional, no dia 31 de agosto de 1971, apenas um mês e meio depois de ser solto, Rômulo foi contratado pelo Grupo Folha. "Entrei na Folha *manu militaru*", afirmou (Apud Pilagallo, 2005, p. 13). Em carta localizada no Arquivo Nacional, assinada pelo então prefeito de Osasco, Francisco Rossi (Arena), em junho de 1976, ele relata ter tido uma conversa com Octávio Frias sobre Rômulo. No texto, Rossi narra que Frias teria lhe dito que empregou Rômulo "atendendo pedido do pessoal do Exército"[68].

A respeito do episódio de sua contratação, Rômulo descreve encontro com Octavio Frias de Oliveira em que teria dito: "'Não, senhor, eu venho em paz. Sou contra esse negócio de queimar caminhonete e coisa e tal' (...). Aí ele chamou o editor do jornal *Folha da Tarde*. E, no dia seguinte, eu já estava na rua. Na rua, que eu digo, era com a pauta na mão"[69]. Além da Folha da Tarde, Rômulo passou pelas redações do Notícias Populares e do Cidade de Santos. Só foi desligado da empresa em julho de 1984.

---

67. Entrevista com Rômulo Romero Fontes realizada no âmbito da produção do documentário "Os arrependidos" (2021), cedida à pesquisa por Ricardo Calil, diretor da obra.

68. ARQUIVO NACIONAL, Fundo SNI, notação br_dfanbsb_1m_0_0_6132_d0001de0006.

69. Entrevista com Rômulo Romero Fontes realizada no âmbito da produção do documentário "Os arrependidos" (2021), cedida a esta pesquisa por Ricardo Calil, diretor da obra.

A entrada de Marcos Vinicio Fernandes dos Santos no Grupo Folha foi parecida. Em entrevista para a nossa pesquisa, ele explicou como se deu o processo: "Foi o Roberto Quass que me indicou para entrar lá (...). Aí eu entrei direto. Ele era delegado do DEOPS. O Frias, dono da Folha, deixava ele fazer o que quisesse"[70]. Roberto Quass, assim como seu irmão Edward, era delegado do DEOPS-SP e trabalhava no Grupo Folha. Os dois são figuras-chaves para a compreensão da relação da empresa com o aparato repressivo, como veremos no segundo capítulo.

O caso de Marcos Vinicio apresenta, ainda, outras especificidades. Ele relata que passou anos trabalhando sem registro formal no Grupo Folha e, por essa razão, teria sofrido com perdas de direitos trabalhistas. Na ficha funcional de Marcos Vinicio, consta que seu vínculo com o Grupo Folha durou um pouco mais de dois anos: de 1º de abril de 1974 a 30 de maio de 1976. Ele alega, entretanto, que trabalhou na empresa por quase uma década e que foi privado de seus direitos legais por um longo período, mas que não podia entrar na Justiça devido a seu estatuto político controverso.

A contratação de Marcos Vinicio e Rômulo Romero Fontes, dois jovens inexperientes no jornalismo e com histórico muito complicado no campo da política, é reveladora da relação de proximidade e de reciprocidade do Grupo Folha com as engrenagens da repressão. Em ambos os casos, como descrito, a direção da empresa efetuou a contratação atendendo a pedido vindo diretamente da alta cúpula militar.

---

70. Marcos Vinicio Fernandes dos Santos, entrevista à equipe em 15 de fevereiro de 2023.

A TV GAZETA E O "MILAGRE ECONÔMICO"

Pouco tempo depois de reformar a Folha da Tarde, o Grupo Folha inaugurou a TV Gazeta. A concessão era da Fundação Cásper Líbero, administrada por Frias e Caldeira. O Canal 11 foi ao ar, pela primeira vez, em 25 de janeiro de 1970, com grande pompa. Octavio Frias conseguiu colocar o evento no calendário oficial das festividades do aniversário de São Paulo. A inauguração contou com a presença de várias autoridades, como o governador Abreu Sodré; o prefeito Paulo Maluf; o secretário estadual de Transporte, Firmino Rocha de Freitas; o secretário estadual de Planejamento, Dilson Funaro; e o presidente do Tribunal de Contas do estado, José Luiz de Anhaia Mello.

Para montar a nova emissora, Frias e Caldeira levaram para a Gazeta alguns funcionários de confiança do Grupo Folha, como Fuad Cury, Sérgio Felipe dos Santos, Nathanael de Azevedo e Luiz Gomieri. O primeiro diretor-geral da TV, Marco Aurélio Rodrigues da Costa, também saiu da Folha, onde ocupava o cargo de diretor comercial. Antes, ele tinha trabalhado na Excelsior. Foi desta emissora, aliás, que vieram os principais operadores de câmeras, diretores, atores, apresentadores e jornalistas (Francfort, 2010, p. 133). É importante observar que a Gazeta surgiu em 1970, mesmo período da falência da Excelsior.

Foi nesse contexto que ocorreu o desvio de equipamentos e de veículos da Excelsior para a Gazeta. Os equipamentos da antiga emissora, que deveriam ser vendidos para ressarcir parte das suas dívidas, encontravam-se nos prédios da Vila Guilherme. Esse imóvel, conforme explicamos anteriormente, havia ficado com o Grupo Folha, após a revenda da emissora para Simonsen Neto. Embora embargados pela Justiça, como parte da massa falida da Excelsior, os equipamentos e caminhões foram levados para a Fundação Cásper Líbero. Para disfarçar, eles foram camuflados com nova pintura. Segundo Moya (2004, p. 292), após as denúncias feitas por ex-funcionários da emissora, a Justiça Federal mandou fazer raspagem no material e encontrou neles o logotipo da Excelsior.

Em 11 de junho, os equipamentos e veículos da TV Excelsior, que estavam sendo usados ilegalmente pela Gazeta, foram removidos da Cásper Líbero por decisão da Justiça de São Paulo[71]. Eram dois ônibus equipados para transmissões externas, um caminhão gerador, câmeras (de externa e de estúdio), uma mesa de corte, lentes e outros aparelhos[72]. Por causa desses desvios, a revista Veja apelidou o Canal 11 de Canal 20, numa referência ao fato de que a emissora estaria se somando com o butim do Canal 9 (faixa da Excelsior em São Paulo)[73].

Ainda com relação às irregularidades envolvendo a TV Gazeta, identificamos uma ata da Delegacia Regional do Trabalho de São Paulo, de 15 de outubro de 1970, comentando um "televisionamento ilegal" da corrida "Mil Milhas Brasileiras", em Interlagos, pela TV Gazeta, nos dias 21 e 22 de novembro de 1970, por ter se apropriado ilegalmente de aparelhos de transmissão do antigo canal do grupo. O documento também comenta irregularidades envolvendo a aquisição da emissora, incluindo falcatruas, suborno a um fiscal do Ministério do Trabalho, sonegação fiscal e apropriação indébita, já que seus dirigentes "descontavam o INPS dos empregados e não recolhiam ao Instituto"[74].

---

71. Juiz quer saber onde estão veículos da TV. *O Estado de S. Paulo*, ano 92, n. 29.494, p. 21, 1º de junho de 1971.

72. Bens da TV são removidos. *O Estado de S. Paulo*, ano 92, n. 29.506, p. 20, 15 de junho de 1971.

73. VEJA, 2 de junho de 1971.

74. MINISTÉRIO DO TRABALHO E PREVIDÊNCIA SOCIAL. Delegacia Regional do Trabalho em São Paulo. Processo DRT/SP — 172.414/70, 15 de outubro de 1970. *Arquivo Público do Estado de São Paulo*, Fundo DEOPS, Dossiê 50-B-285.

O fato mais relevante da relação Excelsior-Gazeta, entretanto, teve ares de legalidade. Tão logo a emissora de Simonsen foi cassada, em setembro de 1970, o diretor do Departamento Nacional de Telecomunicações (Dentel), general Kleber Rolin Pinheiro, por meio da portaria n. 1815, de 13 de outubro, transferiu para a Gazeta todas as retransmissoras que eram da Excelsior. Por meio dessa medida, o sinal da emissora passou a alcançar 196 cidades do interior de São Paulo, do norte do Paraná e do sul de Minas Gerais e atingir uma população de mais de 12 milhões de pessoas[75]. Com a ajuda do governo, a dupla Frias e Caldeira realizava, assim, mais um grande negócio.

O contexto do "milagre econômico" foi muito favorável ao Grupo Folha, que se tornou, no início dos anos 1970, um verdadeiro império jornalístico. Os dados relativos ao lucro e ao patrimônio líquido apenas da empresa Folha da Manhã, responsável pela Folha de S.Paulo, impressionam, conforme podemos ver na tabela a seguir. Em 1974, o lucro líquido da empresa dobrou — e triplicou nos anos seguintes. Seu patrimônio líquido, que em 1973 era de 47.564.807 cruzeiros, passou para 210.844.987 cruzeiros em 1977.

---

75. Comunicado. *Folha de S.Paulo*, 14 de outubro de 1970.

ANO	LUCRO LÍQUIDO	PATRIMÔNIO LÍQUIDO
1962	7.722	114.972
1963	9.551	144.523
1964	29.160	2.324.868
1965	227.508	4.432.538
1966	236.412	6.530.893
1967	247.053	8.905.878
1968	211.957	14.140.864
1969	545.650	14.140.064
1970	855.532	17.608.253
1971	1.505.664	21.760.306
1972	—	—
1973	5.777.514	47.564.807
1974	10.188.877	55.508.685
1975	25.606.118	96.144.369
1976	30.318.713	146.739.997
1977	28.644.048	210.844.987

Fonte: Elaborado a partir de Taschner, 1992, p. 127-128.

Nesse período, o Grupo Folha deu continuidade ao processo de modernização de sua estrutura produtiva. Em 1971, abandonou a composição a chumbo e adotou o sistema eletrônico de fotocomposição, o que lhe deu ainda mais vantagens sobre os concorrentes. Em junho de 1976, o jornal anunciou a compra de seis novas rotativas Goss Metro OffSet. Com as unidades adicionais, a Folha da Manhã S.A. passava a dispor de 28 unidades de impressão offset duplas e constituía a maior instalação do tipo na América Latina.

EMPRÉSTIMO DE CARROS À REPRESSÃO E CONFRONTO COM A MILITÂNCIA ARMADA

Foi nessa época que o Grupo Folha se envolveu de forma muito direta em ações da repressão, sobretudo por meio do empréstimo de seus veículos para a Operação Bandeirante (Oban), centro de investigações do Exército que combatia as organizações de esquerda que lutavam contra a ditadura. Carros de distribuição de seus jornais foram usados em diferentes ações, como campana, captura e mesmo assassinato de militantes, conforme detalharemos depois.

A reação não se fez demorar. Em 21 de setembro de 1971, a Aliança Libertadora Nacional (ALN) promoveu uma ação em represália e incendiou dois carros da Folha, um no bairro do Ipiranga e, em seguida, outro no Brooklin. No dia seguinte, o jornal publicou em resposta, em sua primeira página, um editorial intitulado "Banditismo". Octavio Frias de Oliveira garantiu, em um dos raros textos por ele assinados, que as ameaças não alterariam a "linha de conduta" do jornal, principalmente porque o país tinha "um governo sério, responsável, respeitável e com indiscutível apoio popular"[76].

A ALN não se deixou intimidar e, cerca de um mês depois, em 25 de outubro, queimou um terceiro carro da Folha, dessa vez em Pinheiros. No dia seguinte, a organização destruiu outro veículo no mesmo bairro. Francisco Carlos de Andrade, o Chico Vieira, que integrava à época o Comando Tático Armado (GTA) da ALN, explica como se deu a ação: "Paramos o carro, mandamos o motorista e o ajudante descerem e jogamos coquetel molotov com gasolina na carroceria do carro"[77]. Novamente a empresa se posicionou,

---

76. OLIVEIRA, Octavio Frias de. Banditismo. *Folha de S.Paulo*, ano LI, n. 15.438, p. 1, 22 de setembro de 1971.

77. Francisco Carlos de Andrade, entrevista à equipe em 10 de abril de 2022.

afirmando que essas ameaças seriam decorrentes de sua "firme e consciente posição" na "veemente condenação do terrorismo"[78].

Em seu jornal, Venceremos, a ALN acusou Frias de entregar ao Centro de Operações de Defesa Interna (CODI) uma "lista suja", com os nomes de funcionários demitidos pela empresa, e disse que seu justiçamento era uma questão de tempo[79]. A organização havia planejado explodir um caminhão-tanque de gasolina no prédio da Folha. A ação, que seria realizada num horário fora do expediente para não machucar nenhum trabalhador, estava prevista para o dia 4 de dezembro. Mas Chico Vieira, um dos militantes que organizava a explosão, foi preso uma semana antes e o plano foi abortado: "A gente tinha uma coisa que era assim: se alguém fosse preso e estivesse participando de algum plano para fazer alguma coisa, o resto da organização cancelava tudo. Porque se a pessoa contasse alguma coisa na cadeia, na tortura, na pressão, pelo menos, desistia de fazer aquilo lá"[80].

A partir daí, a família Frias se mudou para o prédio da Folha, na Alameda Barão de Limeira, e passou a morar num apartamento que havia sido construído tempos antes por Carlos Caldeira Filho. A polícia vedou as janelas do apartamento, que ficava no oitavo andar, com placas de metal, para evitar atentados a bombas ou a tiros. Otávio Frias Filho, então com 14 anos, aprendeu a usar arma de fogo num curso de tiro na Delegacia de Ordem Política e Social (Conti, 1999, p. 306).

> Já tinha havido o justiçamento do Boilesen, já tinha acontecido a comoção toda, mas a Folha reincidia nisso. Então a ALN, eu sei porque o Clemente me explicou isso, na época eu já estava preso, mas depois ele me explicou que as ações

---

78. Terroristas incendeiam carro da Folha. *Folha de S Paulo*, ano LI, n. 15.473, p. 9, 27 de outubro de 1971.

79. VENCEREMOS, n. 5, set., out., nov., 1971.

80. Francisco Carlos de Andrade, entrevista à equipe em 10 de abril de 2022.

> de queimar carros eram um aviso: "Vocês não podem fazer isso, nós já estamos sabendo". Isso daí gera um medinho e o Frias passa a morar no último andar do prédio da Folha, aquele das pastilhas, na Barão de Limeira. Quem é que faz a segurança do Frias-pai com os filhinhos dele? O delegado Quass, do DOPS. Não é uma segurança particular, é uma segurança oficial de um departamento de tortura e assassinato chamado Departamento de Ordem Política e Social, DOPS[81].

Os Frias passaram a contar com a proteção de seguranças fornecidos pelos militares, assim como Caldeira. "Otávio e Luís Frias, então adolescentes, iam para a escola escoltados por agentes do DOPS. Os agentes eram os irmãos Robert e Edward Quass", conta Oscar Pilagallo (2005). A presença da família Quass no jornal, já mencionada anteriormente, é outro ponto importante da nossa pesquisa, que exploraremos melhor adiante.

Publicações oficiais da empresa, como o livro "Folha Explica Folha", procuram relativizar a responsabilidade do grupo em relação aos empréstimos dos carros para a repressão. Apesar de a autora, Ana Estela de Sousa Pinto (2012, p. 55), admitir as conexões da Folha com os militares, afirmando que na redação da empresa "havia policiais civis e militares, tanto infiltrados como declarados — alguns até trabalhavam armados", ela diz que essa proximidade não se traduziu na cessão de carros.

Militantes da ALN por nós entrevistados (como veremos na segunda parte deste livro) foram firmes em afirmar que uma ação daquela natureza contra as viaturas da Folha jamais seria praticada se houvesse qualquer dúvida em relação aos empréstimos dos carros. Coletamos relatos de ex-presos e militantes políticos que disseram ter visto e/ou sido vítimas de repressão por meio de carros da empresa.

---

81. Ivan Seixas, entrevista à equipe em 30 de março de 2023.

Registramos também o depoimento de um motorista da Folha que confirmou as informações, assim como o testemunho de um ex-agente da repressão que explicou de forma detalhada como se dava a operação de empréstimo dos carros para a Oban. Esses relatos, no seu conjunto, não deixam dúvida de que os automóveis foram, de fato, utilizados nas ações de repressão, muito provavelmente com o devido consentimento de seus dirigentes.

Voltaremos a essa questão, mas é importante sublinhar que muitas empresas jornalísticas apoiaram editorialmente o regime militar no Brasil e algumas delas certamente foram beneficiadas economicamente pelo contexto. O que os empréstimos dos carros à repressão e a presença maciça de pessoas ligadas ao regime na empresa mostram é que as relações entre a Folha e a ditadura foram além da afinidade ideológica, expressa em apoio editorial ao regime ou na troca de favores. A empresa deu suporte material à repressão, o que configura responsabilidade por cumplicidade nas violações de direitos.

Um outro episódio que merece registro diz respeito ao editorial da Folha de S.Paulo intitulado "Presos Políticos?", publicado em 30 de junho de 1972. O texto era uma resposta ao manifesto de intelectuais e artistas, publicado em O Estado de S. Paulo, em apoio aos militantes que faziam greve de fome no Presídio Tiradentes. De acordo com Oscar Pilagallo (2012, p. 214), o editorial teria sido escrito "sob medida para agradar à linha dura do regime militar".

O texto afirma que o Estadão estava advogando a favor da impunidade de "delinquentes", e que os ditos presos políticos não eram mais do que "assaltantes de bancos, sequestradores, ladrões, incendiários". De acordo com a Folha, não existiam presos políticos no Brasil. Tratá-los nesses termos seria uma "distorção da verdade", uma versão falaciosa proferida por aqueles que procuravam apenas destruir a imagem de um país em ascensão[82].

---

82. Presos políticos? *Folha de S.Paulo*, ano LII, n. 15.720, p. 6, 30 de junho de 1972.

Maurice Politi, militante da ALN, era um desses presos. Ele registrou em seu diário da greve, no dia 1º de julho de 1972, um comentário em relação ao texto, que lhe fora trazido por uma visita: "Realmente, uma vergonha esse editorial da Folha. Mas o que esperar de um grupo editorial que cedeu seus carros de distribuição de jornais para a Oban fazer as 'campanas' aos companheiros, que acabou com a Folha da Tarde, um jornal que tinha um tom independente e corajoso e que hoje se mostra um verdadeiro capacho da ditadura? Um dia, certamente, eles serão cobrados por isso..." (Politi, 2014, p. 81).

Na época, Cláudio Abramo protestou internamente contra o texto. Chegou a convencer Frias a não publicar mais editoriais, para não se comprometer. A sugestão foi acatada, e os textos opinativos foram suspensos a partir do dia 5 de julho. Mas Frias também achou por bem afastar Abramo da chefia do jornal, substituindo-o por Ruy Lopes[83].

A DISTENSÃO E O CASO DIAFÉRIA

Em janeiro de 1974, ainda antes da posse de Ernesto Geisel, o general Golbery do Couto e Silva chamou Octavio Frias de Oliveira para falar sobre a distensão política e mencionou a importância de haver outro jornal forte em São Paulo, além do Estadão, deixando claro que lhe agradava o crescimento da Folha. Otávio Frias Filho conta a história:

> Estava-se preparando a posse do governo Geisel, e o general Geisel e o general Golbery estavam montando a equipe ministerial. Eles tinham um gabinete no Rio, no Largo da Misericórdia, e meu pai foi chamado pelo Golbery, que ele conhecia anteriormente, da época do Castello, para uma

83. Cláudio Abramo (1988, p. 87) conta que ficou dois ou três anos sem trabalhar, encostado na Folha. Em janeiro de 1975, foi preso pelo DOI-CODI, acusado de subversão.

> conversa nesse local (...). Nessa conversa com meu pai, Golbery delineou os rumos que eles pretendiam impor ao novo governo, falou da necessidade de uma descompressão política, enfim, expôs todo esse ideário que se tornou bastante conhecido depois. Inclusive, chegou a mencionar para o meu pai (...) que não era conveniente que houvesse em São Paulo só um jornal forte, em termos de peso na opinião pública, que era de seu interesse que houvesse dois jornais (apud Abreu et al., 2003, p. 354).

A direção da Folha entendeu a conversa com Golbery como um sinal verde para que o jornal adotasse mudanças editoriais no sentido de se tornar mais ousado, sobretudo como forma de conquistar uma fatia de mercado desatendida pelo Estadão, que fazia uma oposição moderada ao governo (Abramo, 1997, p. 59). No ano seguinte, a Folha trouxe de volta Cláudio Abramo e, em junho, começou a implementar mudanças na redação, buscando modernizá-la tecnicamente. Contratou uma série de importantes jornalistas, em grande parte contrários ao regime, para dar novos ares à redação. Entre eles estavam Alberto Dines, que se tornou chefe da sucursal carioca, Jânio de Freitas, Luiz Alberto Bahia e Paulo Francis.

Em 1976, a Folha implementou uma reforma gráfica, que mudou bastante o aspecto visual do jornal. Começou a ser publicada a coluna dominical de Alberto Dines, o "Jornal dos Jornais", que trazia uma análise crítica da mídia. Outra importante novidade foi a criação da página 3, "Tendências/Debates", com artigos escritos por pessoas de diferentes matizes políticos, que expressavam opiniões diversas e divergentes. A ideia era mesmo promover o pluralismo de opiniões.

A reforma promovida por Cláudio Abramo, no entanto, como bem definiu Otávio Frias Filho (Abreu et al., 2003, p. 355), não era de cunho "esquerdizante, mas politizante". Nesse sentido, é importante ressaltar que a Folha criou espaços regulares para os apoiadores mais conservadores do regime. Passaram a escrever assiduamente no jornal, por exemplo, figuras como o ministro da Justiça, Jarbas Passarinho, o católico ultraconservador Plínio Corrêa de Oliveira, e o ideólogo de direita Jorge Boaventura.

Em setembro de 1977, no entanto, a Folha enfrentou uma crise com o governo por causa de um texto publicado pelo colunista Lourenço Diaféria, considerado ofensivo à figura de Duque de Caxias[84]. O jornalista foi preso, devido a um processo criminal aberto pelo ministro do Exército, Sylvio Frota. No dia seguinte, sua coluna saiu em branco como protesto. Frias foi, então, ameaçado com base na Lei de Segurança Nacional — o que implicaria a suspensão do jornal por trinta dias — e recuou. Imediatamente, decidiu afastar de novo Cláudio Abramo[85] e tirar o seu próprio nome do cabeçalho do jornal[86].

Abramo era um homem identificado como de esquerda. Filho de pais anarquistas, tinha militado no Partido Socialista Brasileiro (PSB) nos anos 1950. Apesar de não mais se envolver diretamente com

---

84. A crônica de Lourenço Diaféria relata o caso de um sargento que pulou em um poço de ariranhas para salvar um menino de quatorze anos. Um "herói", segundo o jornalista, já que o sargento acabou morrendo no incidente. Sobre o acontecimento, ele afirmou em seu texto: "prefiro esse sargento herói ao duque de Caxias. O duque de Caxias é um homem a cavalo reduzido a uma estátua. Aquela espada que o duque ergue ao ar aqui na praça Princesa Isabel — onde se reúnem os ciganos e as pombas do entardecer — oxidou-se no coração do povo. O povo está cansado de espadas e cavalos. O povo urina nos heróis de pedestal. [...] O povo quer o herói sargento que seja como ele: povo". (Diaféria, Lourenço. Herói. Morto. Nós. Ilustrada. *Folha de S.Paulo*, ano LVI, n. 17.683, 1º de setembro de 1977).

85. Cláudio Abramo ainda permaneceu um tempo na Folha como editorialista e membro do Conselho Editorial. Saiu do jornal por ocasião da greve dos jornalistas em 1979.

86. A historiadora Sônia Meneses (2016) argumenta que o caso Diaféria foi apropriado estrategicamente pela Folha como um importante "acontecimento de libertação", já que o jornal passou, a partir de então, a ser identificado também como "vítima" da ditadura, podendo afirmar, inclusive, que sofreu represálias e foi censurado durante o período.

política nem militar em organização, se dizia ainda um trotskista. Sua presença no Grupo Folha foi motivo de constante desconfiança dos militares, como mostram documentos do SNI[87]. Abramo, no entanto, sabia separar suas convicções ideológicas do que ele entendia como o ofício de jornalista. Tinha uma visão pragmática da profissão. Seu livro de memórias é bastante elucidativo a esse respeito:

> Ao longo da minha experiência como chefe de redação, deixei de publicar coisas de outros. É um direito lícito do dono. **Devo ter suprimido milhares de matérias ao longo de trinta anos. Não podia publicar, porque era contra a linha do jornal.** Daí não existir liberdade de imprensa; ela existe apenas para o dono ...). **Não se trata de censura: o jornal é deles e eles fazem o que quiserem. Não é propriedade pública, é propriedade privada** (Abramo, 1988, p. 118, grifos nossos).

O pragmatismo de Cláudio Abramo era reconhecido por seus patrões. Otávio Frias Filho o considerava muito profissional, porque sabia "que estava dirigindo um jornal burguês numa sociedade capitalista" (Abreu et al., 2003, p. 355). Por ter essa visão, Abramo pôde ocupar por tanto tempo o cargo de gestor e homem de confiança da direção da Folha. Cumpria bem sua função. Apesar disso, os proprietários do grupo não tiveram escrúpulos em afastá-lo da chefia da redação, em 1972, e em pedir para que ele se demitisse tão logo eclodiu o caso Diaféria, em 1977.

---

87. Ver documentos localizados no Arquivo Nacional: br_dfanbsb_v8_mic_gnc_aaa_76094286_d0001de0001 e /br_dfanbsb_v8_mic_gnc_eee_80003333_d0001de0001.

Cláudio Abramo foi imediatamente substituído por Boris Casoy, um jornalista reconhecidamente de direita, cujo bom trânsito na área militar poderia não apenas "blindar" o jornal, mas também facilitar suas relações com o poder. O jornalista confirma isso no depoimento que deu para essa pesquisa. Diz que "fazia o meio de campo com o governo", que "tinha diversas fontes" e que "resolvia problemas, prisões e outras coisas que iam aparecendo":

> Eu tinha uma posição menos suspeita para os militares e eu fazia o que foi classificado, lá dentro da Folha, como o meio de campo com o regime (...). Uma das minhas habilidades era ter contato com o governo, buscar norte, saber o que estava acontecendo para nortear o jornal. Eu tinha diversas fontes no que a gente chamava de sistema, que era todo o aparato do governo com as suas dissensões, linha dura de um lado, do outro lado, o Geisel. Eu me dava muito bem com o Geisel, com o João Baptista Figueiredo e com vários militares. Eu fazia um meio de campo[88].

Casoy ingressou na Folha em 1974[89], na primeira de suas duas passagens pelo jornal. Anos antes, quando atuava como locutor da Rádio Eldorado (pertencente ao Grupo Estado), foi identificado em reportagem da revista O Cruzeiro, de 9 de novembro de 1968,

---

88. Boris Casoy, entrevista à equipe em 24 de janeiro de 2023.

89. A primeira passagem de Casoy na Folha começou em 1974, como editor de Política. Três meses depois, ele passou a editor-chefe, cargo que ocupou até 1976, quando pediu demissão. Retornou ao jornal, em 1977, para editar a coluna Painel. No mesmo ano, tornou-se editor responsável pelo jornal. Ficou na função até 1984, quando retornou ao comando do Painel — de onde saiu, em 1987, para iniciar carreira na televisão. Disponível em: **https://www1.folha.uol.com.br/folha-100-anos/2020/11/boris-assumiu-folha-na-fase-mais-tensa-e-conduziu-travessia-do-jornal-para-o-pos-ditadura.shtml**. Acesso em: 27 de julho de 2023.

como integrante do Comando de Caça aos Comunistas (CCC). O grupo de extrema-direita ficou conhecido por vários atentados durante aquele ano. Em São Paulo, protagonizou o ataque ao Teatro Galpão, em 18 de julho, onde se encenava a peça Roda Viva — os atores foram espancados, e o teatro, destruído. Em 2 de outubro, o grupo também participou ativamente do confronto entre alunos da Universidade de São Paulo e da Universidade Mackenzie, na Rua Maria Antônia, onde as duas instituições estão localizadas. O conflito deixou inúmeros feridos.

A reportagem de O Cruzeiro, publicada pouco mais de um mês após o conflito da Maria Antônia, não apenas detalhava as formas de organização do grupo anticomunista, mas também identificava supostos integrantes. A lista continha o nome do estudante de direito Boris Casoy. Sobre ele, dizia: "Conclamou os alunos do Mackenzie a tomar a USP, de cuja invasão participou. Anda armado, mas, segundo os colegas, é incapaz de atirar em alguém"[90].

Casoy nega reiteradamente que tenha sido membro do grupo, mas admite que tal fama pode ter facilitado o seu bom trânsito com os militares: "Eles sabiam que eu não era comunista; para muitos deles eu era aquele cara do CCC, talvez até de confiança"[91]. O jornalista era um entusiasta apoiador da ditadura. Na sua opinião, somente os militares eram capazes de enfrentar a ameaça comunista. Acreditava também que, na luta contra os "terroristas", a repressão praticada pelo regime se justificava (Smith, 2000, p. 174).

90. MEDEIROS, Pedro. CCC ou o Comando do Terror. *O Cruzeiro*, ano XL, n. 45, 9 de novembro de 1968.

91. Boris Casoy, entrevista à equipe em 24 de janeiro de 2023.

DIRETAS JÁ, PROJETO FOLHA E REFORMULAÇÃO DA IDENTIDADE

Nos anos 1980, o Grupo Folha havia crescido enormemente e suas empresas se encontravam em boa situação financeira. Nesse período, se deu a implementação do conhecido Projeto Folha — que buscou modernizar e reformular os princípios político-editoriais da Folha de S. Paulo —, capitaneado pela entrada de Otávio Frias Filho, então com 27 anos, na chefia de redação do jornal, em 1984. A nova postura do grupo foi sistematizada por alguns textos que orientaram seus novos projetos editoriais, como os conhecidos "A Folha e alguns passos que é preciso dar" (1981) e "A Folha em busca do apartidarismo, reflexo do profissionalismo" (1982), responsáveis por dar início ao chamado jornalismo "crítico, plural e apartidário" do grupo, que culminou no seu reconhecido protagonismo na campanha das Diretas Já.

A partir de seu engajamento na campanha, a Folha passou a ser identificada como um jornal de resistência, uma espécie de porta-voz da sociedade civil no período de redemocratização. Por causa dessa nova postura, o jornal costurou aquele que seria considerado um dos mais significativos modelos de modernização do jornalismo brasileiro. O Projeto Folha, em "mil dias", entre os anos de 1984 e 1987, teria "quebrado paradigmas" e se tornado um precursor para todo o jornalismo praticado no país a partir de então, de acordo com o jornalista da casa e um dos idealizadores do projeto, Carlos Eduardo Lins da Silva (2005). O Projeto Folha também teve o intuito de homogeneizar a prática jornalística da empresa, orientado sobretudo por seu "Manual Geral da Redação" (1984), que procurou sistematizar, de forma técnica e objetiva, o modo como os jornalistas da casa deveriam produzir suas notícias: "Nós não temos alternativa exceto a intransigência técnica"[92].

---

92. FOLHA DE S.PAULO. Projeto Editorial 1984.

A atitude declaradamente intransigente que a Folha assumiu não foi de todo bem recebida pela redação. O próprio Silva (2005, p. 16) chegou a admitir que o projeto "cometeu injustiças, foi juvenilmente arrogante". Logo após sua instituição, 27 jornalistas foram demitidos por "insuficiência técnica", número que representava praticamente 10% da redação. O jornal travou, então, uma dura batalha com o Sindicato dos Jornalistas no Estado de São Paulo. O periódico da entidade, o Unidade, publicou uma matéria especial de capa (n. 74, fev. 1985) com críticas às "arbitrariedades" da Folha, que teria implementado um conjunto de regras que funcionava "como um AI-5". Naquela ocasião, foi elaborado, via sindicato, um abaixo-assinado subscrito por 155 jornalistas, o correspondente a cerca de 65% do total dos profissionais da redação de São Paulo, exigindo uma melhor discussão sobre a implementação do projeto.

Alguns pesquisadores consideram o Projeto Folha — exemplificado por seu "Manual de Redação" — um caso evidente de "modernização autoritária" do jornalismo brasileiro (Albuquerque, 2022), já que, decretado de forma unilateral por seus dirigentes, serviu como "instrumento de controle e de adesão ideológica" (Hofmann, 2013). Seu caráter "autoritário" fica evidenciado no depoimento do próprio Frias Filho:

> Era um clima difícil, de muita agitação sindical. Era muito frequente, por exemplo, eu tomar uma decisão e a redação parar [...]. Era realmente um ambiente pré-revolucionário. E eu estava achando que ia virar uma espécie de Kerensky ali dentro [...]. Reuni então um grupo de pessoas com as quais eu tinha naturalmente afinidade, até geracional, e chegamos ao diagnóstico de que tinha havido uma politização excessiva [...]. Isso foi num crescendo, até que, em setembro de 1984, nós implantamos, sem consulta prévia, o Manual Geral da Redação [...]. Esse manual foi baixado, com uma série de medidas bastante draconianas em termos de normatizar

> procedimentos [...] continha uma série de mudanças e recomendava a aplicação de normas bastante rígidas. Poucos meses depois da implantação, houve um abaixo-assinado na redação pedindo, entre outras providências, a revogação do manual e a nomeação de uma comissão paritária para discutir um manual novo. Aí, não havia mais como contemporizar. **Fizemos uma série de demissões de caráter político** (Frias Filho apud Abreu et al., 2003, p. 359-360, grifos nossos).

Interessante perceber que a "intransigência técnica" dos manuais da Folha era bem enfática sobre alguns assuntos. O manual de 1987, por exemplo, afirma que a palavra "ditadura" deveria ser evitada, sendo preferível usar a designação "regime militar". Sua versão revista e ampliada, publicada em 1996, mais de uma década após o final da ditadura, proibia explicitamente a expressão "ditadura militar". É somente no manual de 2005 que a Folha, pela primeira vez, autoriza a utilização da expressão "ditadura" em seus textos noticiosos.

Apesar das resistências e dos entraves políticos que gerou, o projeto foi considerado responsável por alavancar a Folha, que se tornou, a partir de então, um dos diários mais influentes do Brasil. O jornal chegou, assim, ao fim da ditadura com sua identidade estrategicamente reformulada e com a maior circulação do país. Em junho de 1986, atingiu uma média diária de 291.659 exemplares, crescimento de 39,5% em relação a 1984[93]. Já em novembro de 1991, anunciava ter batido novo recorde de circulação, atingindo, em sua edição de domingo, a tiragem de 518.800 exemplares[94]. Em meados de 1994 e

---

93. FOLHA DE S.PAULO. Projeto Editorial 1986. A Folha em busca da excelência. Disponível em: **https://temas.folha.uol.com.br/folha-projeto-editorial/projetos-editoriais-anteriores/1986-a-folha-em-busca-da-excelencia.shtml**. Acesso em: 29 de julho de 2023.

94. Edição de hoje é recorde de circulação. *Folha de S.Paulo*, ano 71, n. 22.866, p. 12, 10 de novembro de 1991.

1995, a Folha alcançaria a tiragem de 1,6 milhões de exemplares, a maior já atingida por um jornal brasileiro.

Como se vê, a história do Grupo Folha durante a ditadura foi de expansão e consolidação empresarial. Mas não se trata apenas da história de sucesso de um grupo empresarial. Seu crescimento esteve estrategicamente ligado aos interesses do regime e aconteceu em meio a muitas polêmicas, episódios controversos e ainda não totalmente esclarecidos, como denúncias de troca de favores, negociatas e mesmo de furtos. O que nos faz pensar, inclusive, que a ideia de "benefício econômico" pode ser vista de uma forma mais ampla e difusa, não apenas como transferência direta de recursos.

2_O APOIO AO GOLPE E AO APARATO REPRESSIVO

Neste capítulo, nosso objetivo é detalhar o apoio do Grupo Folha ao golpe de Estado de 1964 e à repressão promovida pela ditadura militar. A participação do grupo na sustentação ideológica, política e editorial do movimento é conhecida, já foi discutida por trabalhos acadêmicos e reconhecida pela própria empresa, ainda que de forma bastante tímida e pontual, como apontamos na introdução deste livro.

Aqui, queremos desenvolver dois argumentos principais. O primeiro é que o Grupo Folha participou ativamente das conspirações e articulações prévias ao golpe de 1964, o que se contrapõe à autoimagem construída pela Folha, segundo a qual, naquele momento, a empresa estaria voltada para a questão financeira, sem capacidade de se engajar nos acontecimentos políticos. O segundo argumento é que o suporte dado pelo grupo empresarial ao regime autoritário foi muito além do apoio editorial.

O APOIO AO GOLPE DE 1964

A pioneira obra de Dreifuss (1981) consolidou a interpretação de que, no início dos anos 1960, em meio ao governo reformista de João Goulart, havia uma clara "solidariedade de interesses" entre uma elite orgânica, formada pela chamada "intelligentsia empresarial", e grupos políticos e militares que se mobilizaram econômica e politicamente em campanhas ideológicas para assegurar um clima "apropriado" à intervenção militar.

Objetos da obra de Dreifuss, o Instituto de Pesquisas e Estudos Sociais (IPES) e o Instituto Brasileiro de Ação Democrática (IBAD) conformavam o espaço fundamental em que essa articulação golpista se dava. O complexo IPES/IBAD foi, de fato, o núcleo da conspiração que levaria à deposição de Jango. Essas organizações operavam com dois objetivos fundamentais. De um lado, formulavam o programa político-econômico a ser implementado quando da tomada do poder. De outro, atuavam intensamente para produzir o que o cientista político uruguaio caracterizou como um "sincronizado assalto à opinião pública", por meio de intensas campanhas voltadas para desestabilizar o governo.

Para viabilizar sua atuação, o IPES e o IBAD dependiam do apoio econômico de lideranças e "associados proeminentes". Dentre os associados do IPES estava Octavio Frias de Oliveira, dirigente da Folha, que Dreifuss (1981, p. 527) já apontava, em seu livro, como um contribuinte direto do instituto. De fato, durante nossas pesquisas no acervo do IPES, custodiado no Arquivo Nacional, localizamos um documento em que consta o nome de Octavio Frias de Oliveira como sócio do IPES[95]. Há também um recibo, de 1967, que atesta uma contribuição de 12.000 cruzeiros feita pelo proprietário da Folha[96].

---

95. ARQUIVO NACIONAL, Fundo IPES, notação br_rjanrio_ql_o_ofu_0044_d0001de0010.

96. ARQUIVO NACIONAL, Fundo IPES, notação BR_RJANRIO_QL_o_OFN_0003_d0028de0048.

Ao ser questionado sobre sua relação com o IPES, Frias não negou que ela existira, mas afirmou ter comparecido apenas a uma reunião do instituto — na casa do banqueiro José Adolpho da Silva Gordo, ligado ao Banco de Investimento do Brasil (Pilagallo, 2005). A existência de documentos que comprovam pelo menos uma doação financeira ao instituto coloca em xeque essa versão, e alça Octavio Frias a um lugar muito mais central da conspiração que depôs João Goulart. Essa postura se expressaria também, é claro, nos seus jornais.

Ao observar a cobertura da Folha nos momentos que antecederam a movimentação golpista, percebe-se plena adesão de seu jornalismo ao discurso de que as posições radicais do governo João Goulart poderiam colocar o país em clima de instabilidade[97]. No início de março de 1964, o jornal deu ampla repercussão às intenções de Jango sobre o hoje conhecido Comício da Central, realizado no dia 13 daquele mês, no Rio de Janeiro, onde o então presidente discursaria à população, apresentando políticas das suas chamadas Reformas de Base.

Em editorial publicado no dia 6 de março, a Folha já alertava seu eleitorado de que "a radicalização das posições políticas no Brasil está-se aproximando de limites sumamente perigosos". O jornal fazia uma crítica às radicalizações de ambos os lados, mas enfatizava seu alerta à "atividade nociva do comunismo", que estaria desvirtuando os preceitos da reforma, ao transformá-la em "pretexto para agitação e subversão da ordem":

> Mais vezes merecem críticas os radicalismos de esquerda que os de direita. É que eles são mais agressivos, mais provocadores, mais danosos ao país. Recebem hoje, é inegável, o

97. Uma análise mais detalhada sobre a cobertura da Folha no contexto das movimentações do golpe de 1964 pode ser consultada em Bonsanto (2014; 2021) e Meneses (2016). Aqui vamos nos ater apenas a alguns aspectos pontuais para reforçar a tese sobre o protagonismo do jornal.

beneplácito do governo federal e por isso são mais perigosos. A cada dia se tornam mais ousados nos ataques à iniciativa privada, por exemplo, cuja destruição significaria também a ruína do regime democrático[98].

A "radicalização" de esquerda era a mais temida, pois, de acordo com a Folha, poderia atingir diretamente os rumos políticos da nação e a própria iniciativa privada. Para uma empresa em processo de reformulação financeira, o clima de incerteza no governo só tenderia a agravar tal situação. Por isso, seguia alertando seus leitores de que o comício não passaria de "provocação" de um presidente "surdo ao bom senso". Não seria prestigiado por aqueles que "honesta e seriamente se preocupam com os verdadeiros problemas nacionais", pois lembrava iniciativas "organizadas e dirigidas para sustentar ditadores e aspirantes a tal"[99].

Apesar de o comício ter sido realizado sem maiores incidentes, a Folha foi contundente nas suas críticas a Goulart. Segundo o jornal, o então presidente teria se portado como uma espécie de "*pré-fuehrer*", pregando para uma multidão "arregimentada [...] para bater palmas nas horas certas". Isso porque seus discursos continham "muito dos movimentos que os candidatos a ditador seguem, para matar a democracia [...]. O comício de ontem, se não foi um comício de pré-ditadura, terá sido um comício de lançamento de um espúrio movimento de reeleição do próprio sr. João Goulart"[100]. O editorial finaliza com um apelo à intervenção militar:

---

98. Radicalização. *Folha de S.Paulo*, ano XLIV, n. 12.682, 6 de março de 1964.

99. Comício-provocação. *Folha de S.Paulo*, ano XLIV, n. 12.689, 13 de março de 1964.

100. Para quê? *Folha de S.Paulo*, ano XLIV, n. 12.690, 14 de março de 1964.

> Resta saber se as Forças Armadas, peça fundamental para qualquer mudança desse tipo, preferirão ficar com o sr. João Goulart, traindo a Constituição e a pátria, ou permanecer fiéis àquilo que devem defender, isto é, a Constituição, a pátria e as instituições. Por sua tradição, elas não haverão de permitir essa burla[101].

Com um posicionamento político explícito e bem definido, assumido diariamente por meio de editoriais, a Folha não apenas deixava clara sua opinião em relação ao governo de Goulart, mas exigia também uma tomada de posição por parte das Forças Armadas. Nesse sentido, como não poderia deixar de ser, quando a movimentação dos militares se concretizou, dando início ao golpe de Estado, o jornal declarou que tudo teria ocorrido com base na legalidade:

> Não houve rebelião contra a lei, mas uma tomada de posição em favor da lei. Na verdade, as Forças Armadas destinam-se a defender a pátria e garantir os poderes constitucionais, a lei e a ordem. Ora, a pátria estava ameaçada pelo comunismo, que o povo brasileiro repele[102].

O apoio da Folha à deposição de João Goulart não se restringiu aos seus editoriais e reportagens. Na verdade, o jornal daria um espaço ainda mais significativo ao tema, engajando-se profundamente no esforço de legitimação do golpe por meio de um suplemento especial, publicado em 31 de março de 1964, intitulado "64 — Brasil Continua". O material, uma espécie de manifesto empresarial-jornalístico-publicitário de 44 páginas, com características bastante peculiares para a época, é repleto de anúncios e textos

---

101. Para quê? *Folha de S.Paulo*, ano XLIV, n. 12.690, 14 de março de 1964.

102. Em defesa da lei. *Folha de S.Paulo*, ano XLIV, n. 12.709, p. 4, 2 de abril de 1964.

opinativos que evidenciam o protagonismo exercido pela Folha nas articulações golpistas e a sintonia político-ideológica do grupo com o empresariado local, nacional e internacional[103].

Considerando o trabalho jornalístico prévio, necessário para o desenvolvimento de um suplemento substancialmente volumoso como esse, bem como a temporalidade associada à tecnologia disponível à época para a confecção de anúncios publicitários com explícitas alusões ao golpe, é possível sustentar que a edição já vinha sendo preparada bem antes de 31 de março. O suplemento expressa bem a opinião em relação à "revolução". Seria um movimento necessário para encerrar "radicalizações" e agitações políticas e que, portanto, deveria ser visto de forma otimista e esperançosa. Isso fica muito claro no editorial de página inteira que abre o caderno:

> Construir é um ato que encerra muito mais do que ciência e técnica, porque é necessariamente um ato de fé. Fé na capacidade nossa de fazer e fé no destino último do que fazemos [...]. Não importam os tropeços, os momentos de incerteza, aqueles instantes aflitos em que imaginamos parar, desistir, renunciar à tarefa, quando a eles opomos a fé em nosso propósito, em nossa determinação de vencer não para nós, egoisticamente, mas para todos, para a elevação de nossa gente, de nossa terra. **Esta é a mensagem que 64-BRASIL CONTINUA, organizado pela equipe da FOLHA DE S.PAULO em íntimo contato com as mais ativas forças da produção nacional, procura levar a todos os seus leitores, a todos os brasileiros.** Mensagem de fé que antagoniza os que vivem a proclamar a incurabilidade de nossos males de nação em pleno processo de desenvolvimento, e com reservas de energia capazes de superar os maiores obstáculos.

---

103. 64 — Brasil Continua. *Folha de S.Paulo*, ano XLIV, n. 12.707, 31 de março de 1964.

> [...] 64-BRASIL CONTINUA reflete a situação de numerosos setores de nossa vida. Transportes, agricultura, pecuária, comércio, indústria siderúrgica, têxtil, alimentar, automobilística, farmacêutica, entre outras [...]. E porque assim se fundamenta em números e observações insuspeitas, ao lado das manifestações daqueles que, responsáveis pelo desenvolvimento dos setores apresentados à consideração do público, não têm dúvida em olhar com plena confiança o futuro, **a mensagem que deixamos, entre alegres e orgulhosos, ante os olhos dos leitores, é um grito de confiança, um AVANTE sem restrições**[104]**.**

No dia mesmo em que se concretizava o golpe de Estado, o texto era fortemente entusiasta em relação ao futuro do país, visto sob um panorama de renovação e crescimento. A imagem que ilustra o editorial é, inclusive, a fotografia de um bebê recém-nascido, que fazia analogia ao "nascimento" de uma nova nação. Destaca-se também a ideia de que o jornal estaria em "íntimo contato" com outros setores do empresariado nacional. Essa expressão ganha outro sentido quando observamos que, dentre os anunciantes do manifesto, estavam muitas empresas que, poucos anos depois, colaboraram financeiramente com a "caixinha" da Oban (Gaspari, 2002)[105]. Vale aqui reproduzir alguns dos anúncios para evidenciar o tom dos discursos:

---

104. 64 — Brasil Continua. *Folha de S.Paulo*, ano XLIV, n. 12.707, p. 3, 31 de março de 1964, grifos nossos.

105. Dentre elas, podemos citar algumas empresas que veicularam anúncios com destaque no suplemento: Squibb Indústria Química, Aços Villares, Banco Itaú, Grupo Votorantim, Chevrolet, Lacta, Simca do Brasil, Ultragaz, Semp, Pfizer, Ford, Usiminas, Mercedes-Benz, São Paulo Light. S.A., Esso e Banco da América.

Acreditamos nos resultados de uma dedicada e honesta aplicação da técnica. Acreditamos nos frutos do árduo trabalho. Acreditamos na capacidade do homem. Acreditamos no progresso do Brasil (Aços Vilares, p. 05).

64 é o Brasil [...]. Pense Brasileiro. Do nada fez-se uma nação. Pense e ajude a paz. Brasileiro: 64 é o Brasil. E depende de você (Grupo Votorantim, p. 7).

AÇÚCAR: Alavanca do Progresso. Nós confiamos no futuro do Brasil [...]. Por isso mesmo, nossa mensagem é de confiança nos destinos do Brasil. E essa confiança necessariamente é o traço marcante da forma pela qual encaramos o ano de 1964 (Cooperativa Central dos Produtores de Açúcar e Álcool do Estado de São Paulo, p. 13).

Chama da paz e da esperança [...]. Para todos os milhões de lares deste fabuloso país, nossa mensagem de confiança e nossa certeza: 64 — Brasil Continua (Cia. Ultragaz S/A, p. 15).

VAMOS CONTINUAR. Todos estão trabalhando. Todos querem paz e sossego. Para as crises, verdadeiras ou provocadas (existem desde o primeiro dia do Brasil). Há uma resposta brasileira: "Vamos continuar" e vamos trabalhar! (Resistahl Aços de Alta Resistência, p. 24).

VOTO DE CONFIANÇA. É com prazer que a São Paulo Light oferece a sua colaboração à iniciativa da FOLHA DE S.PAULO, representada pela campanha construtiva, de fundo educacional e de alto sentido patriótico, sob a legenda "1964 — Brasil Continua", que hora se inicia. É UM VERDADEIRO VOTO DE CONFIANÇA NO FUTURO (São Paulo Light S.A., p. 42)[106].

---

106. 64 — Brasil Continua. *Folha de S.Paulo*, ano XLIV, n. 12.707, 31 de março de 1964.

Os anúncios apresentavam um discurso semelhante ao teor do conjunto do suplemento. Apontavam que o país atravessava um momento de vitalidade, a ser comemorado com muito otimismo. Mas, para além da dimensão discursiva, os anúncios explicitam a convergência entre os setores empresariais em torno do apoio e da legitimação ao golpe de Estado. Permitem-nos, assim, sustentar a tese de que o golpe de 1964 não foi apenas militar, nem tampouco "civil-militar", termo que dilui a responsabilidade de setores específicos da sociedade. Tratou-se, sobretudo, de um golpe "empresarial-militar", assumido com grande protagonismo pelo Grupo Folha (Campos, Brandão e Lemos, 2020; Comparato, 2014).

Esse protagonismo se traduziu, já naquele momento, em algo mais do que palavras. Antônio Aggio Junior, então repórter da Folha de S.Paulo, contou que usou um carro da empresa para camuflar a entrada de conspiradores num quartel. O requerimento para a saída da viatura foi assinado pelo chefe de reportagem Marcelo Barbosa Cotrim. Os telex da sede e da sucursal do Rio também foram usados para passar uma mensagem cifrada que, segundo Aggio, teria sido a senha para levantar o II Exército. O jornalista teria agido, nos dois casos, seguindo instruções do general Antônio Lepiane, seu padrinho[107]. Poucos anos depois essa prática de empréstimo de carros para dar suporte aos militares na violação de direitos ganharia outra dimensão.

Como já apontamos anteriormente, Frias afirmava, no intuito de se desvincular da deposição de Jango, que "enquanto os militares davam o golpe, a Folha mostrava seu crescimento em cima de muito trabalho" (Paschoal, 2007, p. 123). A ideia por ele apresentada era a de que a direção do jornal, naquele momento, não se envolveu com a política, pois estava preocupada em reestruturar a

107. Entrevista de Antônio Aggio Junior ao Projeto de História Oral da Folha, 26 de março de 2003.

empresa financeiramente. Ocorre que, diante de tudo que apresentamos até o momento, é possível inverter a lógica do argumento: a Folha era uma empresa que, preocupada com seus lucros, precisava definir-se politicamente, atuando de forma ativa nas articulações golpistas, de diferentes formas — do financiamento ao IPES, passando pela legitimação pública e chegando ao empréstimo de um carro. A preocupação com as dívidas não afastou a empresa da política, pelo contrário. Fez com que se engajasse fortemente no movimento golpista, que abriria o caminho para a expansão de seus empreendimentos. E, uma vez iniciado o regime autoritário, a Folha aprofundou seu apoio, tornando-se cúmplice em violações de direitos perpetradas pelos militares.

LEGITIMAÇÃO DO REGIME E APOIO À POLÍTICA REPRESSIVA

Durante ao menos os dez primeiros anos da ditadura, o jornalismo da Folha de S.Paulo produziu significativas campanhas conclamando a população a seguir com otimismo os preceitos da assim chamada "Revolução de 1964". Praticamente um ano após o golpe, em maio de 1965, o jornal iniciou uma campanha intitulada "Nada resiste ao trabalho", estampando anúncios criados pela empresa em várias de suas páginas e edições. Como uma espécie de apologia ao consumo e ao próprio regime em curso, a campanha incitava seus leitores a colaborarem para afastar os perigos da recessão econômica e do desemprego: "O necessário você deve comprar. O Brasil não pode parar"[108].

---

108. Nada resiste ao trabalho. *Folha de S.Paulo*, ano XLV, n. 13.114, p. 1 e 3, 12 de maio de 1965.

A campanha contou ainda com a confecção de editoriais, publicados na capa do jornal ao longo de quase duas semanas, evidenciando a repercussão e o reconhecimento que a sociedade estaria dando à iniciativa. Uma das mensagens de apoio vinha do próprio ditador Castello Branco. De acordo com ele, a campanha da Folha era um incentivo ao esforço empreendido pelo governo para recuperar o país, um trabalho que dependia de "uma segura orientação da opinião pública. Daí, portanto, a importância da campanha encetada pelo prestigioso órgão da imprensa paulista, que assim contribui para a consolidação dos postulados e ideais da Revolução"[109]. Isso evidencia também como o jornal e o regime aparentemente caminhavam em plena harmonia, tendo o jornalismo da Folha um reconhecido protagonismo no processo de legitimação dos "ideais da Revolução".

Ao final do mês, a Folha encerrava sua campanha afirmando que, "fiel ao seu destino de jornal a serviço do Brasil", sentia urgente a necessidade de despertar em seu público um clima de otimismo, esta "afirmação de fé" no país[110]. A postura assumida pela empresa era muito parecida com o tom otimista e esperançoso presente no caderno "64 –Brasil Continua", que celebrava a deflagração do golpe e via no momento uma oportunidade para crescimento e trabalho.

Era assim que a empresa parecia atravessar os "tempos agônicos" de sua reformulação. No ano seguinte, em 23 de novembro de 1966, a Folha afirmava ter batido recorde de tiragem, chegando à marca dos 200 mil exemplares[111]. Recorde que, na semana seguinte, às vésperas do decreto do AI-4, teria sido batido novamente. O anúncio

---

109. Castelo apoia o incentivo às compras. *Folha de S.Paulo*, ano XLV, n. 13.127, p. 1, 25 de maio de 1965.

110. Nada resiste ao trabalho. *Folha de S.Paulo*, ano XLV, n. 13.129, p. 1, 27 de maio de 1965.

111. 200.000 exemplares. Novo recorde de tiragem. *Folha de S.Paulo*, ano XLVI, n. 13.674, p. 1, 23 de novembro de 1966.

do novo feito, estampado na capa da sua edição de 27 de novembro, vinha acompanhado de um grande texto, que tomava quase todo o espaço central da página e, em letras garrafais, afirmava: "Confiamos no Brasil!". Era mais uma mensagem àqueles que, frente às adversidades, encaravam os esforços de recuperação financeira do país com "atitude negativista". Não havia razão para isto, já que, de acordo com o jornal, "a nação prospera e grandes empreendimentos se vão realizando, a atestar a confiança dos homens patriotas no destino de seu próprio país. Um clima de ordem permanece há três anos"[112].

Já na ocasião das comemorações de 50 anos da empresa, em 1971, mesmo após a promulgação do AI-5, tendo a ditadura recrudescido seu aparato repressivo de maneira contundente, a Folha afirmava se manter "profundamente identificada" com os rumos da nação, visto que acompanhava com otimismo "os esforços da Revolução de 64 para a reconstrução do Brasil"[113].

Levando isso em conta, nossa pesquisa buscou evidenciar de forma mais clara a responsabilidade da empresa durante o período. Pensamos ser fundamental explicitar que, muito mais do que um mero apoio, a Folha teve uma participação ativa, por praticamente uma década, nos esforços para garantir sustentação e legitimidade ao regime autoritário. Aqui destacamos um material até então pouco explorado: o protagonismo exercido pela Folha de S.Paulo em campanhas de "ação psicológica" que tiveram como um de seus objetivos atuar nas chamadas "luta contra a subversão" e "caça aos terroristas".

---

112. Confiamos no Brasil! *Folha de S.Paulo*, ano XLVI, n. 13.678, p. 1, 27 de novembro de 1966.

113. Meio Século. *Folha de S.Paulo*, ano LI, n. 15.223, p. 4, 19 de fevereiro de 1971.

AS CAMPANHAS DE "AÇÃO PSICOLÓGICA"

As campanhas de "ação psicológica" foram estratégias estabelecidas pela Doutrina de Segurança Nacional, sistematizadas por seus manuais da Escola Superior de Guerra, que enfatizavam a importância da "união entre o governo e o povo" para criar uma corrente de opinião favorável, voltada aos "interesses nacionais", que mantivesse a população imune à "ação subversiva" daqueles que eram considerados "inimigos internos" da nação. As Forças Armadas, nesse sentido, seriam apenas "um dos elementos de combate, só episodicamente o mais importante" (Brasil, 1979, p. 222) e deveriam se utilizar da "sofisticação dos meios de comunicação" contemporâneos para "influenciar opiniões, emoções, atitudes e comportamentos" da população na luta contra a subversão.

Seu plano de "ação psicológica" deveria congregar uma série de recursos e técnicas — que poderiam ir de "demonstrações" e pedidos de auxílio a "pressões" e "ameaças" — para gerar uma predisposição de comportamentos na coletividade, executados de forma "agressiva e contínua", de modo a atuar de maneira preventiva, repressiva e operativa e, com isso, "destruir o inimigo pelo fabuloso poder de penetrar-lhe o espírito e miná-lo a ponto de anular qualquer esforço de defesa, sem que seja necessário, por vezes, o disparo de um único tiro" (Brasil, 1979, p. 227).

No caso da Folha de S.Paulo, destacamos seu envolvimento efetivo na elaboração de uma destas campanhas, justamente no contexto de criação da Operação Bandeirante (Oban), em julho de 1969, um dos períodos de maior recrudescimento das políticas repressivas da ditadura. A Oban — operação coordenada por setores civis e militares, financiada e respaldada pelo empresariado paulista da época (Fon, 1979; Huggins, 1998; Joffily, 2013) — tinha como objetivo "identificar, localizar e capturar os elementos integrantes dos grupos subversivos" de São Paulo, com a finalidade de "destruir ou pelo menos neutralizar as organizações a que pertençam"[114]. Para isso, contava com um centro específico destinado a "elaborar diretrizes e desencadear a Ação Psicológica" e realizar campanhas de contrapropaganda antiterrorista[115].

Fato é que a Oban não realizou sozinha seu trabalho de ação psicológica e contrapropaganda. Esta operação precisava ser executada de forma "conjunta" e "coordenada"[116] com outros setores da sociedade, e o jornalismo representado por setores da grande imprensa, como é o caso da Folha, parece ter sido um agente fundamental na configuração das políticas de contrainformação da ditadura, atuando com reconhecido protagonismo e sendo responsável por legitimar determinados consensos na luta contra a "subversão".

No dia 16 de julho de 1969, em uma edição extra, o jornal iniciou uma campanha intitulada "União contra a Violência", que ganhou relativo destaque em suas páginas ao longo de várias semanas, e foi replicada nos outros jornais do grupo, como o Notícias Populares e a Ultima Hora, com maior ou menor ênfase, o que mostra um direcionamento editorial unificado para os veículos.

A motivação para o editorial de mesmo título foi a sequência de incêndios em emissoras de TV na cidade de São Paulo, que atingiu as sedes de Record, Globo e Bandeirantes no intervalo de três dias. Segundo a Folha, tais incêndios não poderiam ser tratados como mera

---

114. As informações no II Exército e a Operação Bandeirante. Departamento de Ordem Política e Social, 28-06-1970. *Arquivo Público do Estado de São Paulo*, Fundo DEOPS, Dossiê 50-Z-9, 74.

115. Operação Bandeirante. Central de Difusão. Contra-Propaganda Anti-terrorista. Proposta para ação psicológica, setembro/1969. *Arquivo Público do Estado de São Paulo*, Fundo DEOPS, Dossiê 50-Z-9, 60.

116. As informações no II Exército e a Operação Bandeirante. Departamento de Ordem Política e Social, 28-06-1970. *Arquivo Público do Estado de São Paulo*, Fundo DEOPS, Dossiê 50-Z-9, 74.

coincidência. "Tudo indica, pelo contrário, que mãos criminosas" seriam as responsáveis por destruir "valiosos patrimônios particulares". O texto faz uma relação direta entre os incêndios e atos subversivos:

> O povo brasileiro, que sempre foi visceralmente contrário à violência, repudia, com muito mais razão agora, esse terrorismo que nada tem a ver com as nossas tradições de luta política e se confunde pura e simplesmente com o banditismo[117].

É assim que o jornal conclama a população a reagir à ação violenta dos "inimigos":

> Para que essa prática não tenha êxito, e desapareça o quanto antes, uma condição preliminar se impõe: a união de todos os brasileiros conscientes e responsáveis. União e vigilância, pois o inimigo — como está sendo provado — não tem escrúpulos, infiltra-se em todos os lugares e parece disposto a todas as ousadias[118].

---

117. União contra a violência. *Folha de S.Paulo*, ano XLIX, n. 14.640, edição extra, p. 1, 16 de julho de 1969.

Ao longo dos anos 1960, várias emissoras — como TV Record, Excelsior, Globo, Cultura e Bandeirantes — foram atingidas por incêndios de diferentes proporções. Em nenhum deles foi confirmado o envolvimento de grupos de esquerda, que nunca assumiram a autoria dos "atentados". A própria Folha, em matéria interna noticiando o caso, no dia seguinte, afirmou que as opiniões no meio policial pareciam divergir quanto às origens do incêndio: "Uns acham que foram terroristas [...] Outros acreditam que empregados descontentes sejam os responsáveis. E há os que pensam em acidente puro e simples. [...] No Corpo de Bombeiros poucos acreditam em terrorismo ou incêndio proposital: ali, a maioria pensa em acidente mesmo". Destruída a metade do prédio do 13. *Folha de S.Paulo*, ano XLIX, n. 14.641, p. 9, 17 de julho de 1969.

118. União contra a violência. *Folha de S.Paulo*, ano XLIX, n. 14.640, edição extra, p. 1, 16 de julho de 1969.

Há de se destacar que o mesmo editorial foi republicado por outros dois jornais do grupo: no dia 17, na capa da Folha da Tarde, e no dia 18, na capa da Ultima Hora.

Na Folha de S.Paulo, a campanha teve continuidade no dia 17 de julho, com a publicação de um novo editorial de mesmo nome, intitulado "União contra a violência", que ampliava o discurso sobre a reação ao "inimigo", iniciada no dia anterior. De acordo com o jornal, era um momento de apelo à população para uma "união mais íntima" contra os movimentos "subversivos" que ganhavam força na cidade de São Paulo naquele momento. O segundo editorial foi ainda mais enfático na posição que deveria ser tomada:

> Ao lado dessa união — que é dever de todos os brasileiros conscientes e responsáveis — impõe-se redobrar a vigilância contra o inimigo [...]. Mas não se espere tudo do poder público, pois todos sabem que segurança — principalmente nas circunstâncias atuais — é responsabilidade de cada cidadão e de cada comunidade [...]. Às vítimas de agora resta o consolo de saberem que não estão sós, nesta hora de tristeza. Com elas está o que o país tem de melhor, nas suas reservas morais. A elas oferecemos o conforto de uma solidariedade incondicional, reforçada por aquele apelo à união e à vigilância contra os que querem intranquilizar a família brasileira e impedir que o Brasil alcance seus altos destinos[119].

Além da publicação de editoriais, cabeçalhos com mensagens publicitárias da campanha foram reproduzidos durante várias semanas, em todos os jornais do grupo, com as seguintes mensagens:

---

119. União contra a violência. *Folha de S.Paulo*, ano XLIX, n. 14.641, p. 4, 17 de julho de 1969.

"Ordem e progresso"; "Amor constrói e ódio destrói"; "Nós confiamos no Brasil"; "O trabalho é a lei dos fortes"; "Decisão e coragem — Brasil maior"; "Unidos venceremos — Brasil maior" — todas assinadas como "União contra a Violência". Assumindo também seu caráter "repressivo" e "operatório", como recomendava os manuais da ESG, o jornal estampou em suas páginas fotos e nomes de "terroristas procurados", muitos dos quais foram posteriormente presos, torturados e mortos pela ditadura[120].

Em sintonia com os preceitos da campanha, o jornal recebeu, ao longo do mês, manifestações de apoio de entidades empresariais[121]; do comércio[122]; das classes rurais[123]; da Arquidiocese[124]; do governo do estado — que deu seu "aplauso à iniciativa do jornal [por atuar] como órgão de convocação da população [...], inteiramente sintonizado com as necessidades presentes"[125]; da Bolsa de Valores — declarando que a iniciativa da Folha se mostrava uma campanha de "salvação nacional", de grande repercussão e "absolutamente necessária"[126]; e, por fim, do comandante do II Exército, general José

---

120. São 25 os procurados por terrorismo. *Folha de S Paulo*, ano XLIX, n. 14.646, p. 17, 22 de julho de 1969.

121. Empresário: união povo-governo. *Folha de S Paulo*, ano XLIX, nº n. 14.646, p. 3, 22 de julho de 1969.

122. Entidades do comércio pregam União e Trabalho. *Folha de S.Paulo*, ano XLIX, n. 14.647, capa, 23 de julho de 1969.

123. Líderes rurais apoiam a união contra a violência. *Folha de S.Paulo*, ano XLIX, n. 14.648, p. 3, 24 de julho de 1969.

124. Cardeal Rossi condena atos de terrorismo. *Folha de S.Paulo*, ano XLIX, n. 14.649, capa, 25 de julho de 1969.

125. Sodré conclama povo a unir-se contra violência. *Folha de S.Paulo*, ano XLIX, n. 14.651, p. 3, 27 de julho de 1969.

126. Bolsa conclama à união contra a violência. *Folha de S.Paulo*, ano XLIX, n. 14.655, 31 de julho de 1969.

Canavarro Pereira, considerado um dos criadores da Oban, que classificou a campanha da Folha como "patriota e meritória"[127].

No dia 3 de agosto de 1969, praticamente um mês após a criação da Oban, a Folha finalizou sua campanha com outro editorial, reconhecendo que seu apelo para deter a "violência subversiva" teria sido "plenamente correspondido" por todas as pessoas "responsáveis" da comunidade brasileira:

> Faltava apenas despertar a consciência destas para a necessidade de uma tomada de posição, clara e definida, contra os que insistiam em afrontá-las. Foi o que este jornal procurou fazer, formulando seu apelo à "união contra a violência", que era ao mesmo tempo uma mensagem de alerta e de confiança nos destinos do país [....]. Dando agora por encerrada essa campanha, agradecemos os que se integraram nela e a prestigiaram, convidando-os a permanecer vigilantes contra os que não querem ver o país progredir em paz [...]. A violência, infelizmente, não está totalmente extirpada de nosso meio, mas temos absoluta convicção de que ela não florescerá, entre outras razões por ser frontalmente contrária à própria formação do povo brasileiro; não florescerá, ainda, porque, despertados para o problema criado pela ousadia dos radicais, saberemos unir-nos contra eles, numa frente única com as autoridades constituídas[128].

A necessidade de uma tomada de posição "clara e definida", conclamada a partir de uma "frente única" com as autoridades

---

127. Canavarro: união contra subversão. *Folha de S.Paulo*, ano XLIX, n. 14.658, p. 3, 3 de agosto de 1969.

128. A união e a violência. *Folha de S.Paulo*, ano XLIX, n. 14.658, capa, 3 de agosto de 1969.

constituídas, tornou a empreitada assumida pela Folha um sucesso não apenas editorial e jornalístico. Documentos produzidos no ano seguinte, em 1970, pelos órgãos de segurança da ditadura, afirmavam que o "êxito da repressão à subversão" e ao "terrorismo" em São Paulo residiam, em síntese, "no apoio das elites civis e autoridades civis e militares, no trabalho integrado que soma esforços e multiplica resultados"[129]. Assim, o II Exército se referia à Oban com "grande e justo orgulho", pois "sem dúvida alguma, marcou o início da nossa ofensiva no campo da subversão e está se constituindo em um exemplo para todo o país"[130].

A "união contra a violência" assumida pelos setores empresariais, políticos e militares — dentre os quais o jornalismo da Folha de S.Paulo teve um papel significativo — foi responsável por um modelo singular de combate aos opositores do regime. Os mecanismos de informação e repressão estruturados pela Oban tornaram-se tão eficientes que acabaram servindo de modelo para a implementação dos Destacamentos de Operações de Informações — Centros de Operações de Defesa Interna (DOI-CODI), difundidos posteriormente em todo o país. O relatório final da Comissão Nacional da Verdade (Brasil, 2014) afirma ser difícil apontar o número exato de presos políticos que tiveram seus direitos violados nesses locais. Apenas no DOI-CODI do II Exército, pertencente à região de São Paulo, foram presas pelo menos cinco mil pessoas, das quais ao menos 50 não saíram de lá com vida.

---

129. A subversão e o terrorismo em São Paulo. Departamento de Ordem Política e Social, 17 de agosto de 1970. *Arquivo Público do Estado de São Paulo*, Fundo DEOPS, Dossiê 50-Z-09-87.

130. As informações no II Exército e a Operação Bandeirante. Departamento de Ordem Política e Social, 28-06-1970. *Arquivo Público do Estado de São Paulo*, Fundo DEOPS, Dossiê 50-Z-09-74.

A COBERTURA JORNALÍSTICA

Para além das campanhas de "ação psicológica", o jornalismo do Grupo Folha, através de suas notícias cotidianas, também foi responsável por legitimar o discurso da repressão, especialmente a ideia de que havia um inimigo interno a ser combatido, na figura dos assim chamados "terroristas". É verdade que, nesse caso, outros jornais fizeram o mesmo. A oposição à ditadura foi retratada, por praticamente toda a grande imprensa, a partir de categorias acusatórias e desqualificadoras. Caracterizados muitas vezes como criminosos, indivíduos fora da lei, perigosos e agressivos, os militantes eram enquadrados por narrativas de cunho muito mais policial do que político. As notícias que os envolviam eram editadas como *fait divers* e ganhavam características espetaculares, de grande apelo jornalístico (Abreu, 2000).

Neste aspecto, a cobertura da Folha da Tarde é bastante conhecida, tendo sido amplamente estudada, em especial pela jornalista Cleofe de Sequeira (2000) e pela historiadora Beatriz Kushnir (2004). Já falamos sobre o funcionamento desse jornal, da presença maciça de policiais na sua redação e do apoio explícito que deu às ações mais violentas da ditadura na primeira parte deste livro. O jornal exagerava nos adjetivos e nas expressões usadas para caracterizar os opositores ao regime, publicando as versões oficiais, muitas delas falsas, sobre a morte de alguns deles. Noticiava como fuga ou morte em combate o que, na verdade, eram assassinatos políticos e, dessa forma, ajudava a dar legalidade a mortes ocorridas sob tortura. Vale citar os casos mais emblemáticos.

Um caso conhecido foi o noticiário sobre o assassinato de Eduardo Collen Leite, o Bacuri. No dia 9 de dezembro de 1970, a Folha da Tarde estampou como manchete "Terror: metralhado e morto outro facínora"[131]. A reportagem detalhava as supostas circunstâncias da morte do guerrilheiro, sob o título "Terrorista morre ao enfrentar polícia"[132]. O militante da ALN era designado como "bandoleiro" e "delinquente", "um dos mais violentos terroristas", morto no dia anterior após um tiroteio com agentes policiais na região de São Sebastião, no litoral paulista, após perseguição. As circunstâncias da morte são referendadas por uma nota oficial divulgada pelo DEOPS, informando que Bacuri fora localizado após diligências em São Sebastião: "Vendo-se acuado ofereceu tenaz resistência a tiros, tombando morto após cerrado tiroteio".

A Folha da Tarde, assim como outros veículos de imprensa (como a Folha de S.Paulo e O Estado de S. Paulo), noticiaram a fuga de Bacuri, que havia sido preso em 21 de agosto de 1970, durante a ação para capturar Joaquim Câmara Ferreira, o sucessor de Carlos Marighella como líder da ALN. A versão da sua morte, entretanto, era fantasiosa: Bacuri nunca fugiu das dependências do DEOPS de São Paulo. Como descreve Elio Gaspari (2002), o militante da ALN foi retirado do departamento em 27 de outubro e levado para o Forte dos Andradas, no Guarujá, no qual passou por violentas torturas até ser assassinado em 8 de dezembro. A despeito de todos os veículos de imprensa terem noticiado a "morte em confronto" de Bacuri, apenas a Folha da Tarde deu destaque ao fato, em sua manchete, utilizando uma adjetivação excessiva para desqualificar o militante.

O jornal voltaria a tratar de Eduardo Collen Leite em sua primeira página três meses depois, em 12 de março de 1971, com a seguinte

---

131. Terror: metralhado e morto outro facínora. *Folha da Tarde*, n. 5.073, p. 1, 9 de dezembro de 1970.

132. Terrorista morre ao enfrentar polícia. *Folha da Tarde*, n. 5.073, p. 8, 9 de dezembro de 1970.

manchete: "Terror está devorando seus próprios filhos"[133]. O objetivo da Folha da Tarde com essa chamada principal era denunciar os justiçamentos levados a cabo no interior das próprias organizações de esquerda. Para isso, reproduziu, mais uma vez, a versão oficial da Segurança Pública, reproduzindo um trecho do depoimento da militante Ana Bursztyn-Miranda, da ALN, que fora torturada e violentada nas dependências da Oban[134]. Na matéria, no interior do jornal, com título "'Bacuri' deu a lição: terror é morte"[135], a Folha da Tarde relatou que Ana havia sido presa em 14 de julho, na região central da capital paulista, mas que o texto extraído do seu depoimento fora divulgado pela polícia apenas em 11 de abril de 1971. Nele, a militante teria confirmado o assassinato de Ari da Rocha Miranda, da ALN, por Bacuri[136]. Mais do que o depoimento, impressiona o endosso que o jornal fez ao reproduzir, pura e simplesmente, uma consideração da polícia sobre o caso:

> E acrescentou a Polícia: o fato revela a frieza com que o submundo do terror atua em seus bastidores, demonstrando o descaso pela vida humana e o assassínio cruel e sanguinário dos próprios companheiros que, nem depois de mortos,

---

133. Terror está devorando seus próprios filhos. *Folha da Tarde*, n. 5.151, p. 1, 12 de março de 1971.

134. MIRANDA, Ana Bursztyn. "Tortura não sai de nós", diz ex-presa política 57 anos após golpe militar. *UOL*, 2021. Disponível em: **https://www.uol.com.br/universa/noticias/redacao/2021/03/31/ana-miranda-ex-presa-politica-da-ditadura.htm**. Acesso em: 29 de julho de 2023.

135. "Bacuri" deu a lição: terror é morte. *Folha da Tarde*, n. 5.151, p. 8, 12 de março de 1971.

136. Ari da Rocha Miranda teria sido baleado acidentalmente durante um assalto no bairro da Lapa, em São Paulo, em junho de 1970, e morrido em decorrência do disparo. Disponível em: **http://memorialdaresistenciasp.org.br/pessoas/ari-da-rocha-miranda**. Acesso em: 29 de julho de 2023.

possuem um repouso condigno para os seus restos. O respeito pela pessoa humana foi trocado pela ideologia marxista-leninista cruel e sanguinária.

Sobre as versões falsas publicadas pelos jornais, segundo os desígnios dos órgãos de repressão, Amélia Teles conta um episódio revelador. Militante do Partido Comunista do Brasil (PCdoB), ela foi presa em 28 de dezembro de 1972 com o marido, César Augusto Teles, e seu companheiro de partido Carlos Nicolau Danielli. Os três foram levados à Oban, onde foram submetidos a sessões de torturas chefiadas pelo coronel Carlos Alberto Brilhante Ustra, comandante do DOI-CODI de São Paulo, pelo delegado Aparecido Laerte Calandra, conhecido como Capitão Ubirajara, e pelo capitão Dalmo Lúcio Muniz Cirillo.

Depois de três dias, Carlos Nicolau Danielli não resistiu às torturas e morreu. Mas a versão oficial, divulgada pelos órgãos de repressão e publicada nos jornais, afirmava que o militante tentara escapar quando era levado ao encontro de um companheiro e que morrera em tiroteio com a polícia. Amélia Teles, no entanto, testemunhou o assassinato do amigo nas dependências do DOI-CODI:

> Eu me lembro do dia que saiu no jornal que o Danielli foi morto. O capitão Ubirajara, que é o Aparecido Laertes Calandra, que é esse delegado da polícia de São Paulo, ele era um torturador lá no DOI-CODI (...) Ele matou, torturou, estuprou. Esse Aparecido Laertes Calandra gostava de mandar tanto quanto o Ustra. Os dois disputavam qual que era melhor, só que o Ustra era do Exército, então o Exército manda mais. Mas ele mostrou para mim, ele me chamou e falou assim: "Olha, lê esse jornal aqui". E eu vi, em letras garrafais, que era a Folha de S.Paulo: "Terrorista morto em tiroteio". Eu falei: "Isso é mentira, ele morreu aqui nessa sala. Eu vi quando ele morreu, vocês estão escrevendo mentira".

> E ele disse: "É para você ver, se você não cooperar com a gente, você vai ter essa mesma manchete amanhã nos jornais. Vocês morrem e nós damos a versão que nós queremos para a morte. E foi só ele falar isso e já me levou para a sala do pau-de-arara. O pau-de-arara já estava montado. Eles arrancaram minha roupa e me amarraram para me colocar no pau-de-arara. Então, quer dizer, eles é que davam a versão que eles queriam. E, nesse caso, a Folha estava ali para receber, porque na Folha saía tudo[137].

Outro caso que merece destaque foi a morte de Joaquim de Alencar Seixas, o Roque, dirigente do Movimento Revolucionário Tiradentes (MRT). A Folha da Tarde de 17 de abril de 1971 anunciou em letras garrafais, na sua primeira página, o assassinato do militante, que seria um dos responsáveis pelo assassinato de Albert Henning Boilesen, presidente do grupo Ultra, ocorrido dois dias antes[138]. Boilesen tinha sido executado, numa operação conjunta do MRT e da ALN, como justiçamento pela sua cooperação com a repressão. O empresário era um dos financiadores e entusiastas da Operação Bandeirante. Frequentava o prédio da Oban, na Rua Tutoia, e participava pessoalmente de sessões de tortura. Além disso, cedia veículos do grupo Ultra para serem utilizados em operações da repressão.

A Folha da Tarde destacou a celeridade dos órgãos de segurança interna em identificar um dos responsáveis pela morte do executivo dinamarquês. Afirmou que Joaquim Seixas tinha reagido violentamente à ordem de prisão e morrido na troca de tiros com os

---

137. Amélia Teles, entrevista à equipe em 15 de fevereiro de 2022.

138. Morto o assassino do industrial Boilesen. *Folha da Tarde*, n. 5.181, p. 1, 17 de abril de 1971.

policiais[139]. A notícia era falsa: Roque morreu sob tortura nas dependências do DOI-CODI. Ele foi preso junto com seu filho, Ivan, que tinha na época apenas 16 anos. Sua mulher, Fanny, e suas duas filhas, Ieda e Iara, também foram presas. Todos foram brutalmente torturados e acompanharam o assassinato de Joaquim.

O detalhe é que o filho já sabia que o pai seria morto, porque a Folha da Tarde tinha noticiado o fato antes de ter ocorrido. Ivan Seixas conta que foi retirado do DOI-CODI, no dia 16, e levado para o Parque do Estado, na Zona Sul da capital paulista, para a simulação de um fuzilamento. No caminho de volta, já na manhã do dia seguinte, os agentes da repressão pararam para tomar café:

> Obviamente, eu fiquei dentro da viatura. Da viatura, **eu vi numa banca de jornal, estampada a Folha da Tarde, com a foto do meu pai e uma manchete em letras garrafais: "Morre assassino do industrial Boilesen".** (...) **Foi anunciada a morte dele antes dele morrer. Quer dizer, já estavam decididos a matar o meu pai.** Quando eu vejo a manchete da Folha da Tarde, eu penso na hora: "Mataram o velho já, ou vão matar, e o próximo sou eu, mas estou aqui para enfrentar". **Quando eles voltam comigo para o DOI-CODI, que me levam para a sala de tortura, eu vejo meu pai ali, ainda vivo. Estava sangrando muito na cabeça, amarrado na cadeira do dragão**, e eu vejo que ele não tinha morrido ainda, mas ele ia ser assassinado[140].

Seixas reitera que todos os veículos de imprensa noticiaram a mesma informação falsa em suas edições de sábado, 17 de julho. Os jornais diziam, com base em informação oficial, que Joaquim Seixas

---

139. Morto em tiroteio um dos assassinos do industrial. *Folha da Tarde*, n. 5.181, p. 3, 17 de abril de 1971.

140. Ivan Seixas, entrevista à equipe em 25 de março de 2022.

fora morto num ato de resistência à prisão na noite anterior. Ivan Seixas faz uma importante diferenciação:

> A capa da Folha da Tarde, é muito importante que se diga isso, ela noticia, como todos os outros jornais, a nota oficial do II Exército. É a mesma nota. Só que o Estadão, a própria Folha de S.Paulo, o Jornal da Tarde, O Globo, qualquer outro, publicavam a nota dura e seca: "Os órgãos de segurança informaram que". A Folha da Tarde, por ser um órgão porta-voz do DOI-CODI, por ser feito por gente do DOI-CODI que estava lá dentro, eles não dão a nota só, eles comemoram, eles incitam a classe média a comemorar a morte de mais um. (...) a Folha da Tarde fala sobre a morte do meu pai, mesmo que fosse anterior à morte dele, mas ela fala comemorando, porque era essa a intenção do DOI-CODI: comemorar a morte desse que matou um dos nossos. Era a vingança. A mesma Folha da Tarde publica sobre o Bacuri, tem uma capa famosa, "facínora" e tal, comemorando. Então, a Folha da Tarde tem um algo a mais. Não é um jornal a favor da ditadura, ela é participante da ditadura. É muito diferente[141].

A Folha da Tarde não circulava aos domingos. Portanto, apenas na segunda-feira, dia 20 de setembro de 1971, noticiou a morte de Carlos Lamarca[142]. O jornal tratou de enumerar aspectos da "vida criminosa do bandido" e a forma pouco gloriosa em que o ex-militar perdeu a vida: "assaltou, matou, treinou celerados para guerrilhas no Vale do Ribeira, foi astuto, maquinou planos de terror de toda espécie. Contudo, acabou morto no interior da Bahia, quase como indigente, subnutrido, numa desesperada fuga da lei".

---

141. Ivan Seixas, entrevista à equipe em 25 de março de 2022.

142. Lamarca deixou 2,5 milhões de dólares. *Folha da Tarde*, n. 5.314, p. 1, 20 de setembro de 1971.

Em reportagens que repercutiam a morte, Lamarca foi desqualificado como militar e também em sua trajetória nas organizações de esquerda. No tempo em que era oficial do Exército, afirma a Folha da Tarde que Lamarca apresentava "sinais visíveis de desequilíbrio nervoso" e era visto como "um grande cínico"[143]. Uma vez parte das "organizações terroristas", Lamarca teria se tornado uma liderança apenas por "contingências", por causa da morte de Carlos Marighella e de Joaquim Câmara Ferreira[144].

Habitualmente, Carlos Lamarca era designado pela Folha da Tarde como "louco". O termo estampa duas manchetes, em edições do ano de 1970. A primeira foi publicada em 3 de julho: "'Um louco comanda o terror: Lamarca'"[145]. O texto da manchete está escrito entre aspas, dando a entender que era uma declaração de André Massafumi Yoshinaga, o Massa, ex-militante da VPR, organização designada como "o bando de Lamarca". Massa, um dos "arrependidos", divulgou um manifesto no qual explica os motivos de ter abandonado a organização, e respondeu perguntas da imprensa em uma entrevista coletiva na sede da Polícia Civil paulista. Na reportagem publicada na página 3[146], que reproduz as respostas de Massa aos jornalistas e a íntegra do manifesto, não há qualquer menção à frase utilizada na manchete do jornal.

Em 28 de setembro de 1971, a Folha da Tarde publicou, com destaque, na primeira página, a foto de cinco militantes logo abaixo da manchete "Eis os assassinos e inimigos do povo"[147]. O jornal

---

143. Ele sempre foi desequilibrado, mesmo no Exército. *Folha da Tarde*, n. 5.314, p. 3, 20 de setembro de 1971.

144. Lamarca, nome sem méritos. *Folha da Tarde*, n. 5.314, p. 3, 20 de setembro de 1971.

145. Um louco comanda o terror: Lamarca. *Folha da Tarde*, n. 4.937, p. 1, 3 de julho de 1970.

146. Massa explica por que deixou o terror. *Folha da Tarde*, n. 4.937, p. 3, 3 de julho de 1970.

147. Eis os assassinos e inimigos do povo. *Folha da Tarde*, n. 5.321, p. 1, 28 de setembro de 1971.

estampava as imagens de três militantes da ALN — Ana Maria Nacinovic Corrêa, Carlos Eugênio Sarmento Coelho da Paz e Iuri Xavier Pereira —; um do MRT, Plínio Petersen Pereira; e um do Movimento Revolucionário 8 de Outubro (MR-8), Carlos Alberto Vieira Muniz. Em texto abaixo das fotos, no melhor estilo "procura-se", a Folha da Tarde dizia que "o terror não morreu" e que o "banditismo terrorista" era um "obstáculo à realidade da integração nacional e o desenvolvimento de fato do País". Anunciava, ainda, que, na página 3, estariam publicadas as fotos de "outros bandidos do terror" que eram procurados pelas forças de segurança.

Na página interna, as imagens de outros 16 militantes de organizações como ALN, MR-8, VPR, Partido Comunista Brasileiro Revolucionário (PCBR) e Vanguarda Armada Revolucionária Palmares (VAR-Palmares) foram distribuídas sob o título "Estes são os bandidos do terror, inimigos do povo"[148]. Os militantes eram designados pelo jornal como "os principais delinquentes do terror", sendo que alguns deles já estavam em cartazes de "terroristas procurados". A reportagem afirma que, àquela altura, o terrorismo vivia uma crise e estava à beira da extinção, devido a "enormes êxitos" na luta contra uma "horda de desatinados", graças à "eficiente, persistente e contínua ação dos órgãos de Segurança", mas também pelo "inestimável apoio e repúdio do povo".

Em 23 de dezembro de 1975, a parceria da Folha da Tarde na divulgação das informações vindas dos órgãos de segurança atingiu o auge: o jornal dedicou a manchete da edição — "DOPS arrasa o bando do nazismo vermelho"[149] — e quatro páginas internas[150] à

148. Estes são os bandidos do terror, inimigos do povo. *Folha da Tarde*, n. 5.321, p. 1, 28 de setembro de 1971.

149. DOPS arrasa o bando do nazismo vermelho. *Folha da Tarde*, n. 6.585, p. 1, 23 de dezembro de 1975.

150. DOPS paulista desmascara a infiltração comunista. *Folha da Tarde*, n. 6.585, p. 10-11, 15 e 20, 23 de dezembro de 1975.

reprodução do relatório do inquérito policial sobre as atividades do Partido Comunista Brasileiro (PCB).

A mera reprodução de notas oficiais das variadas instâncias repressivas, sem qualquer tipo de tratamento jornalístico, não era uma novidade na Folha da Tarde. Acontece que, ao publicar na íntegra um relatório de inquérito enviado à Justiça Militar, o jornal disponibilizou para todos os seus leitores as informações pessoais de 105 indiciados.

Entre os "comunistas" implicados — e que, portanto, tiveram seus dados pessoais divulgados — estavam dois jornalistas da casa: José Vidal Pola Galé e Sérgio Gomes da Silva. Junto a seus nomes, constavam informações como idade, nome dos pais, data de nascimento, estado civil e endereço residencial completo. Uma superexposição que os tornava completamente vulneráveis.

As notícias produzidas pela Folha da Tarde eram deliberadamente anguladas "para tornar legítima a repressão aos opositores do regime" (Sequeira, 2000, p. 178), ainda que a informação recebida fosse a mesma para todos os jornais do grupo. Antônio Aggio afirma que todo o conteúdo vinha diretamente da Agência Folhas, já liberado por Frias e por Cláudio Abramo. "Agora, o título, não. O título era da cabeça da gente. Inventava as coisas mais malucas"[151]. O jornalista, entretanto, afirma que nunca deturpou as informações[152].

Já para o jornalista Jorge Okubaro, que trabalhava na Folha da Tarde, a "angulação" do noticiário não pode ser entendida como uma mera questão de estilo jornalístico, pois, de acordo com ele, havia uma clara questão política e ideológica embutida no título das reportagens veiculadas no jornal, que visavam não apenas a

---

151. Entrevista de Antônio Aggio Junior ao Projeto de História Oral da Folha, 26 de março de 2003.

152. Depoimento de Antônio Aggio para Sequeira (2000, p. 148-149).

defesa da ditadura e de seus atos, mas sobretudo "combater os que combatiam o regime militar"[153]. Ele explica que Antônio Aggio "enriquecia" os textos com informações privilegiadas, em virtude das relações de proximidade que mantinha com os órgãos de segurança e os agentes da repressão, em especial os delegados Sérgio Fleury e Romeu Tuma: "O Aggio sabia o que estava fazendo, sempre havia um motivo subjacente nas manchetes, nas fotos, nos títulos, nos leads provocativos das matérias. Eu vi isso acontecer muitas vezes como subsecretário do jornal"[154].

Essa versão é atestada também pelo jornalista José Luiz Proença, que exerceu o cargo de subchefe de reportagem da Folha da Tarde. Em entrevista à equipe, ele relatou que Antônio Aggio tinha uma "proximidade diferenciada" com os agentes da repressão: "Ele recebia as matérias feitas, ele era muito amigo do Fleury. [...] Então, de vez em quando chegava alguém do DOPS lá e ele não vacilava, ele publicava o que estava escrito". Segundo Proença, Aggio tinha uma posição política declarada, muito forte: "Ele achava que todos os bandidos, terroristas, tinham que morrer mesmo"[155].

Independentemente do posicionamento político de Antônio Aggio, comumente responsabilizado pelo direcionamento jornalístico da Folha da Tarde, é importante ressaltar novamente que o jornal seguia, em linhas gerais, as orientações e os princípios editoriais do Grupo Folha, a partir de sua agência centralizadora de notícias. Um dado muito importante a ressaltar é que Aggio tinha reuniões diárias com Octavio Frias de Oliveira e não há relato de que o jornalista tenha sido repreendido, nessa época, pelo direcionamento dado ao jornal. Isso nos faz concordar com as considerações defendidas por

---

153. Depoimento de Jorge Okubaro para Sequeira (2000, p. 136-137).

154. Depoimento de Jorge Okubaro para Sequeira (2000, p. 159).

155. José Luiz Proença, entrevista à equipe em 18 de janeiro de 2023.

Cleofe Sequeira (2000) nas conclusões de seu trabalho. Após uma análise comparativa entre os jornais do grupo, ela afirma que

> tanto a Folha de S.Paulo como a Folha da Tarde **recebiam informações da mesma fonte, tanto que o corpo das matérias de um e de outro era (quase sempre) idêntico.** Mudavam os critérios de edição na hierarquização das notícias. Enquanto à Folha cabia privilegiar, na sua edição, as notícias políticas e econômicas e os feitos grandiosos do governo no campo social, à *Folha da Tarde* cabia priorizar as vitórias governamentais no combate à guerrilha urbana. **Visto desta forma, conclui-se que a empresa como um todo apoiava integralmente o governo, apenas "dividia" ou "setorizava" este apoio: à** Folha **cabia o apoio no que o governo tinha de melhor, seus feitos econômicos e suas ações sociais, enquanto à** Folha da Tarde **cabia apoiar a guerra deflagrada aos que se opunham ao regime, não importando os métodos empregados para isso** (Sequeira, 2000, p. 238-239, grifos nossos).

A Folha da Tarde não atuava, portanto, de forma isolada no interior do Grupo Folha. A análise da Folha de S.Paulo e de outros jornais do grupo, como Notícias Populares e Cidade de Santos, mostra que havia, guardadas as peculiaridades editoriais de cada um desses veículos, uma direção editorial uniforme no interior do conglomerado jornalístico liderado pelos empresários Octavio Frias de Oliveira e Carlos Caldeira Filho. Se considerarmos o Grupo Folha como um todo, é possível perceber que havia uma ação editorial coordenada entre seu principal jornal, a Folha de S.Paulo, e seus outros periódicos. Este é um ponto bastante significativo, porque coloca em xeque a tese, legitimada tanto pela empresa quanto pela historiografia (Kushnir, 2004; Pinto, 2012; Pilagallo, 2012), de que a Folha de S.Paulo fora um jornal mais distanciado dos embates políticos do período, e que esta posição teria sido assumida, de forma mais enfática, apenas pela "prima pobre" do grupo, a Folha da Tarde, considerada uma espécie de porta-voz da repressão policial.

A Folha de S.Paulo, assim como fazia a Folha da Tarde, utilizava comumente o termo "terrorista" para designar os militantes das organizações de esquerda. Da mesma forma, publicava fotos e biografias, dando vazão a uma demanda dos órgãos de segurança e convocando a população para o combate à subversão apregoada pelo regime. Na edição de 16 de maio de 1969, por exemplo, a Folha publicou fotos, nomes e biografias de 23 militantes. O jornal dedicou uma página às informações que haviam sido divulgadas pelo DOPS[156].

No mesmo mês, no dia 30, a Folha deu destaque, em sua primeira página, para anunciar que um "grupo terrorista" havia sido desarticulado em Minas Gerais[157]. Na página 3, o jornal publicou a íntegra da nota oficial divulgada pela Secretaria da Segurança Pública do estado, assinada pelo general de brigada Alvaro Cardoso, comandante da 4ª Divisão de Infantaria do Exército, e pelo secretário de Segurança Pública, Joaquim Ferreira Gonçalves. O jornal também enumerou os "implicados no IPM", com nome completo e ocupação[158]. Em 29 de março de 1972, a Folha voltou a publicar fotos de militantes, fazendo no título um apelo direto ao leitor: "Ajuda do povo contra a subversão"[159]. O jornal replicava um pedido dos órgãos de segurança, que "solicitam o apoio do povo para que colabore na localização de elementos terroristas".

---

156. Terrorismo: DOPS divulga 23 nomes. *Folha de S.Paulo*, n. 14.579, p. 10, 16 de maio de 1969.

157. Grupo terrorista desarticulado em Minas Gerais. *Folha de S.Paulo*, n. 14.593, p. 1, 30 de maio de 1969.

158. Autoridades militares anunciam: bando terrorista foi desarticulado em Minas. *Folha de S.Paulo*, n. 14.593, p. 3, 30 de maio de 1969.

159. Ajuda do povo contra subversão. *Folha de S.Paulo*, n. 15.627, p. 4, 29 de março de 1972.

MILITARES E POLICIAIS NA ESTRUTURA DA EMPRESA

Nossa pesquisa buscou avançar com as investigações sobre os já conhecidos casos de policiais e agentes da repressão que atuaram no quadro de funcionários do Grupo Folha (Sequeira, 2000; Kushnir, 2004; Pilagallo, 2012) e as possíveis relações de proximidade com o regime que, a partir daí, se estabeleceram. Na primeira parte deste livro, já descrevemos como eles atuavam, não apenas na Folha da Tarde, mas também em outras empresas do grupo, como o Notícias Populares, a Agência Folhas e a própria Folha de S.Paulo. Ocupavam cargos e funções variadas.

Vale lembrar o nome daqueles mais conhecidos, além de Antônio Aggio: Carlos Dias Torres, investigador de polícia; Carlos Antônio Guimarães Sequeira, delegado e agente do DOPS; Edson Corrêa, major da PM; Antônio Bim, delegado; Generoso Grutilla, delegado; Horley Antonio Destro, policial; Armando Gomide, policial; Waldemar Ferreira de Paula, policial); Messias Ayrton Scatena, carcereiro do DEOPS; Luiz Carlos Rocha Pinto, delegado; e outros funcionários, como Antônio Piason, Paulo Nunes e Adhemar Langhi, que tinham relações muito próximas com a repressão.

Em depoimento dado à equipe, Sebastião Ferreira da Silva — o Ferreirinha, conhecido motorista da Folha, que trabalhou por quase duas décadas na empresa — confirma que havia vários agentes da repressão nas redações do grupo, em especial na Folha da Tarde:

> Eu não gostava muito do pessoal da Folha da Tarde, porque lá tinha muita polícia e você não sabia quem era. Tinham muitos que trabalhavam lá e você não sabia quem eram. Eu não sei, eu tenho medo de falar também, porque eu ia no DOPS, eu via o que eles faziam com as pessoas para as pessoas confessarem, enfiavam prego na... Então, eu tenho muito receio, eu via como eles batiam nas pessoas, na parede,

> com jato d'água. Eu morro de medo dessas coisas, porque eu estou velhinho. Eles vão fazer mais o que comigo, né? Mas eu vi isso, eu vi. Isso revolta a gente. Revolta e revolta muito.
>
> [...] Estive [no DOPS], estive em tudo quanto foi lugar que você pode imaginar. Nas Agulhas Negras, em tudo, fazendo matéria. [...] Eu ia com repórter, eu ia de motorista. Repórter, fotógrafo e eu, como motorista. Eu entrava em tudo quanto era lugar[160].

Ainda com relação aos agentes do DEOPS, Ferreirinha atestou que vários trabalhavam na garagem da Barra Funda, onde ficavam os caminhões e os carros de reportagem. Seu depoimento não deixa claro, porém, se esses agentes eram contratados pela empresa. Ele acredita que muitos "vinham fazer bico", trabalhando, por exemplo, como seguranças nas portarias, à paisana: "Tem lugar que você chega, é um policial que está lá, e você não sabe que ele é policial". De qualquer forma, ele afirma ter certeza de que eles estavam ali por ordem de alguém da direção: "Não sei quem era que dava ordem para eles trabalharem lá. Eles sabiam quem era"[161].

O jornalista Sérgio Gomes da Silva, que foi repórter da Agência Folhas, também deu um depoimento que confirma a presença de agentes da repressão na portaria da empresa, na Alameda Barão de Limeira. Ele conta que quando voltou a trabalhar, após sua prisão, reconheceu um carcereiro do DEOPS trabalhando como segurança na entrada do jornal: "Aí ficou claro para mim que em todo lugar tinha alguém"[162]. Ele fala, ainda, sobre os policiais que trabalhavam como jornalistas e eram, em sua maioria, funcionários da Secretaria de Segurança Pública:

---

160. Sebastião Ferreira da Silva, entrevista à equipe em 18 de fevereiro de 2022.

161. Sebastião Ferreira da Silva, entrevista à equipe em 18 de fevereiro de 2022.

162. Sérgio Gomes, entrevista à equipe em 18 de fevereiro de 2022.

> se comportavam mesmo como repórteres de cadeia, repórteres de polícia que, basicamente, davam a palavra sempre à polícia. E se transformaram em verdadeiros policiais, **traficavam notícias, informações, essas coisas** [...] Na Folha da Tarde era praticamente toda a redação. Era uma redação com autonomia para fazer um jornalismo do ponto de vista da polícia[163].

Para Sérgio Gomes, essa relação de proximidade do Grupo Folha com as estruturas repressivas da ditadura não teria ocorrido sem a anuência dos dirigentes da empresa:

> Ninguém ia contratar essas pessoas com o desconhecimento deles. Havia uma política de que tinha que ter a segurança com o que de mais seguro fosse. O que tinha de mais seguro do que contratar agente da própria polícia? [...] **O Frias tinha muitos compromissos extra jornalísticos que o obrigavam a ter relações com as coisas do poder**[164].

Outro jornalista do grupo, Oswaldo Luiz "Colibri" Vitta, afirmou que a presença de policiais nas redações da Folha era algo comum, sendo que os editores da Agência Folhas tinham relações de maior proximidade com delegados e agentes de segurança da ditadura:

> O seu editor, da agência, sabia mais do que você que ia no local, porque ele tinha uma relação com o delegado, ele conversava: "Olha, você tem que escrever isso aqui, isso aqui e isso aqui". Perguntei onde ele pegou aquilo: "O delegado é meu amigo, falei com ele, ele me contou que esse grupo aí, esse bando que foi preso e tal". [...] Você via que

---

163. Sérgio Gomes, entrevista à equipe em 18 de fevereiro de 2022.

164. Sérgio Gomes, entrevista à equipe em 18 de fevereiro de 2022.

eles tinham uma relação com o poder, no caso, com a polícia. **Eles tinham uma relação muito tranquila, eram amigos. Os caras saíam juntos, bebiam juntos no bar. Os bares da Barão de Limeira são a prova disso, na época, que o pessoal saía junto com os delegados.** Às vezes, quebrava um galho para alguém que tinha algum problema na polícia, o cara ficava sabendo antes, através das editorias de Polícia, porque os editores tinham relação direta com os delegados, e os delegados eram ligados à repressão.

[...] Na editoria de Polícia, o editor tinha sempre uma relação mais direta e promíscua mesmo. Estou falando promíscua porque era uma coisa de amigos mesmo, de ligar para o cara e saber informações e tal. **E, nessa época, você já começava a ter notícias de quem estava sendo preso. Isso era preocupante, e todo mundo estava sob suspeição a qualquer momento. Era uma coisa assim, um clima, o clima estava posto assim.** A gente sabia disso. E a gente convivia com esse pessoal, nem sempre numa boa[165].

Antonio Carlos Fon, que atuou como auxiliar de contabilidade do Grupo Folha, conta que certos policiais e militares contratados pela empresa, alguns deles agentes do DOI-CODI, trabalhavam com metralhadoras em cima da mesa: "A Folha vai negar isso também? Tem gente viva para provar [...]. Quem faz isso não faz jornalismo. Quem faz isso, faz crime"[166].

De acordo com José Luiz Proença, esses funcionários tinham uma posição clara de defesa do governo militar: "Não era uma defesa conceitual do empresariado ou coisa que o valha, mas era uma defesa da posição dos militares no comando do país"[167]. Na sua visão, os dirigentes da

---

165. Oswaldo Luiz "Colibri" Vitta, entrevista à equipe em 27 de maio de 2022.

166. Antonio Carlos Fon, entrevista à equipe em 26 de maio de 2022.

167. José Luiz Proença, entrevista à equipe em 18 de janeiro de 2023.

Folha foram muito "inteligentes" nesta aproximação com o regime, pois souberam utilizar a situação política como uma espécie de escudo: "Ah, não me encha o saco, porque eu tenho aqui a Folha da Tarde". Ao mesmo tempo, o jornalista acredita que esta situação se deu porque os empresários acabaram ficando "meio desesperados" com a conjuntura que se descortinava, sobretudo depois do AI-5: "Foi esse momento de corrida de contratação de pessoal de segurança etc. Acho que aí eles abriram as porteiras de vez. [...] Eles precisavam daqueles caras lá"[168].

O jornalista Jorge Okubaro afirmou que a presença sistemática de policiais e militares ligados à repressão na redação de jornais ocorreu apenas no Grupo Folha e que só "alguém com grande poder de decisão permitiria que isso acontecesse"[169]. Essa posição era, na verdade, "confortável" para o Grupo Folha, já que lhe garantia benefícios políticos e econômicos:

> Políticos, no sentido de que o apoio à ditadura implicava algumas facilidades para algumas pessoas. [...] E também interesses econômicos dos controladores da empresa Folha da Manhã; era uma forma de continuar vendendo jornal e ficar de bem com a ditadura. Eles fizeram isso, gostosamente, e ganharam dinheiro com isso, além de terem aliviado eventuais pressões políticas. [...] A Folha tinha interesses também, de se manter em paz com a ditadura. [...] A Folha serviu gostosamente à ditadura.
>
> O resultado foi um grande impulso de vendas, foi uma aproximação da empresa Folha da Manhã com os órgãos mais repressivos do regime militar, no período mais repressivo do regime militar. [...] Todas as decisões lhe traziam conforto perante a parte mais obscura do regime militar[170].

---

168. José Luiz Proença, entrevista à equipe em 18 de janeiro de 2023.

169. Jorge Okubaro, entrevista à equipe em 13 de fevereiro de 2023.

170. Jorge Okubaro, entrevista à equipe em 13 de fevereiro de 2023.

O Grupo Folha contratou policiais e agentes de repressão para atuarem em seus jornais em diferentes setores, como porteiros, seguranças, repórteres e editores. Dois deles merecem destaque por conta do cargo que ocupavam na hierarquia da repressão e em função dos papéis que exerciam dentro da empresa jornalística. Trata-se dos irmãos Edward e Roberto Quass, ambos delegados do DEOPS de São Paulo.

Os dois Quass tinham prestígio dentro da instituição, tendo participado de importantes operações de repressão às oposições. Ambos os irmãos são mencionados em um longo relatório da Secretaria de Segurança Pública do estado sobre a Operação Ibiúna, que resultou na prisão de centenas de estudantes que tentavam realizar um congresso clandestino da União Nacional dos Estudantes (UNE), em 1968[171]. Roberto Quass aparece como tendo participado da primeira fase da operação, que consistiu em um levantamento prévio de informações acerca do congresso. Edward Quass, por sua vez, figura na lista dos agentes envolvidos na terceira fase da operação, que tratava da condução do inquérito policial, caracterizado no documento como "um dos mais volumosos de que se tem notícia". Para os que participaram dessa etapa, o relatório apresentava um elogio: "trabalho árduo e estafante que exigiu, para sua elaboração, a constante dedicação das seguintes autoridades, escrivães e investigadores".

Levando em conta a centralidade que o caso da prisão dos estudantes de Ibiúna tem na história da repressão às organizações de esquerda, é bastante relevante que os Quass tenham ocupado importantes postos nessa operação. Roberto se tornou, depois, diretor de informação do DEOPS. Os dois irmãos não eram, portanto, agentes quaisquer dentro da estrutura da repressão.

---

171. ARQUIVO NACIONAL, Fundo Serviço Nacional de Informações, notação br_dfanbsb_v8_mic_gnc_eee_80003019_d0001de0004.

Em 30 de agosto de 2024, dia em que estávamos fechando o texto final deste livro, o Ministério Público Federal ajuizou uma ação na justiça contra 46 agentes da ditadura, dentre os quais está Roberto Quass. A ação diz respeito à prisão e às torturas sofridas por Denise Peres Crispim, companheira de Eduardo Collen Leite, o Bacuri. Denise estava grávida de sua filha Eduarda à época das violências perpetradas contra ela. Segundo o MPF, não há dúvida quanto às responsabilidades do réu[172]. A inclusão de Roberto Quass em uma ação como réu, acusado de participar das torturas a uma mulher grávida, reforça sobremaneira a importância da investigação acerca dos laços que ele e seu irmão mantinham com o Grupo Folha.

A proximidade dos delegados do DEOPS com Octavio Frias de Oliveira e a presença de ambos dentro da sua empresa jornalística poderia se justificar pela ideia de que Frias e sua família solicitaram proteção ao Estado em função dos atentados aos carros de distribuição de jornais da Folha e das ameaças proferidas pela ALN. A presente pesquisa, no entanto, ao cruzar datas e dados oficiais[173] referentes à contratação dos referidos policiais, identifica o caráter orgânico e prévio das vinculações entre Frias e Caldeira com a família Quass.

Foi em 21 de setembro de 1971 que o Grupo Tático Armado da ALN promoveu a primeira empreitada contra o Grupo Folha, incendiando dois carros da empresa. Em 26 de outubro do mesmo ano, a organização queimou o terceiro veículo do jornal. Na edição do jornal Venceremos referente aos meses de setembro, outubro e novembro foi publicada a ameaça de justiçamento de Frias. Ao observarmos as informações oficiais referentes à contratação de integrantes da

---

172. Disponível em: **https://www.mpf.mp.br/sp/sala-de-imprensa/docs/copy4_of_ACPscrimesdaditadura46exagentes.pdf**. Acesso em: 14 de abril de 2023.

173. A partir das fichas funcionais dos funcionários do Grupo Folha, consultadas pela equipe com anuência da empresa. Dentre elas, não tivemos acesso apenas à ficha funcional de Edward Quass.

família Quass pelo Grupo Folha a que tivemos acesso, notamos que alguns membros já constavam como formalmente vinculados à empresa antes dos episódios da queima dos carros e das ameaças de justiçamento.

Roberto Quass foi admitido em 1º de janeiro de 1961 como datilógrafo e recepcionista de noticiários. Joseph Quass Filho foi contratado em 16 de agosto de 1970 como auxiliar de escritório vinculado à direção do Grupo Folha. Joseph Quass, irmão de Roberto e Edward, foi admitido em 16 de setembro de 1971 como auxiliar de auditoria, também vinculado à direção da empresa.

Edward Quass não apenas zelava pela segurança dos proprietários do Grupo Folha, mas de todo o patrimônio da empresa. Ele era chefe de segurança do grupo e trabalhava diariamente no jornal, onde tinha sala própria e secretária. A presença desses indivíduos atesta uma problemática relação de proximidade de Frias e Caldeira com agentes que cumpriam funções significativas na engrenagem repressiva da ditadura. A ameaça direcionada a Octavio Frias por membros da ALN justifica uma atenção especial por parte da Secretaria de Segurança do Estado de São Paulo à sua família e à do seu sócio, mas não explica a contratação, com vínculo trabalhista e remuneração direta, de delegados do DEOPS para atuarem como funcionários da empresa jornalística, muito menos em cargos de gestão, como era o caso do Edward Quass.

Não foi possível saber quem convidou os integrantes da família Quass para trabalhar na empresa Folha da Manhã S.A. É verdade que o vínculo funcional de um deles antecede a aquisição do jornal por Frias e Caldeira. A admissão dos outros três, no entanto, ocorreu sob a responsabilidade dos referidos empresários. Reiteramos, nesse sentido, que Roberto e Edward Quass não devem ser interpretados como mais dois policiais que atuavam no Grupo Folha. Eles eram reconhecidos delegados do DEOPS de São Paulo, que acumulavam acusações a seu respeito e exerciam um papel central na empresa jornalística no que se refere à segurança dos dirigentes e de seu patrimônio, bem como às ações de vigilância interna, conforme veremos.

O jornalista Boris Casoy, que trabalhou como editor-chefe da Folha de S.Paulo, confirmou, em entrevista dada à equipe, que Edward Quass era chefe de segurança da empresa. O jornalista conta que Quass frequentava diariamente o prédio da Folha, na Barão de Limeira, onde possuía uma sala, um departamento próprio. Quando tinha algum problema, Boris pedia à sua secretária para ligar diretamente para o "doutor Quass": "Ele circulava, fazia parte da rotina dele. Ele não era guarda, mas supervisionava se as pessoas estavam nos lugares certos. [...] Era tudo com o Quass"[174].

O jornalista José Luiz Proença também se recorda da presença constante do delegado Quass nas dependências da empresa:

> Ele era uma pessoa que a gente via quase diariamente na entrada do prédio, ele estava sempre por ali, conversando. Era um sujeito que frequentava muito a sala do Aggio, ele sempre andava por lá. Algumas vezes que eu estive lá, participando de alguma reunião junto com o Frias, a gente acabou se cruzando (...) Você estava na Folha, o Quass estava lá, sempre estava em alguma coisa. Várias vezes eu o vi entrando na sala do Aggio para levar alguma notícia, levar algumas recomendações para ele. Ele era talvez o cara de ligação mais importante[175].

José Luiz Proença acredita que Edward Quass deveria ter algum tipo de envolvimento, ou até mesmo uma relação direta, com o empréstimo dos carros da empresa aos aparatos repressivos:

---

174. Boris Casoy, entrevista à equipe em 24 de janeiro de 2023.

175. José Luiz Proença, entrevista à equipe em 18 de janeiro de 2023.

> Eu acho que ali a coisa era decidida com o Quass. Eu acho que essa parte era a parte de ligação dele. Acho que algum delegado falava: "A gente vai fazer uma ação assim, precisa de um disfarce e tal". Eu acho que era uma relação assim. O Quass, em função da própria presença dele na empresa, acho que era um negociante nessa área.
>
> [...] **esse cara estava lá para que, a ponto de dar expediente diário?** Não sei se ele participava, se ia junto e tal. Acho que nem ia, pegava um investigador da polícia e punha como motorista[176].

O jornalista Jorge Okubaro conta que Edward Quass era uma pessoa importante, que tinha relações próximas com Frias e frequentava seu gabinete[177]. Sobre a função do delegado na empresa, ele afirma:

> Naquele momento, eu imaginava que seria apenas para garantir a segurança material da empresa e a segurança pessoal dos seus funcionários. Mais tarde, dava para entender que era também um mecanismo de relacionamento da empresa Folha da Manhã com as forças da repressão. **Era, digamos, a forma institucional pela qual a Folha se juntava à repressão.** Mas eu acho que havia outras, não era apenas essa. **O Quass talvez fosse um elemento importante do ponto de vista estrutural.** Havia outros, talvez, informais. Outras formas de contato, talvez informais[178].

Essa visão é reforçada pelo depoimento de Carlos Alberto Augusto ("Carteira Preta"), investigador de polícia que atuou no DEOPS-SP e integrava a equipe do delegado Sérgio Paranhos Fleury: "Eu sei o

---

176. José Luiz Proença, entrevista à equipe em 18 de janeiro de 2023.

177. Jorge Okubaro, entrevista à equipe em 13 de fevereiro de 2023.

178. Jorge Okubaro, entrevista à equipe em 13 de fevereiro de 2023.

seguinte: se tinha um delegado lá [na Folha], ele estava cumprindo missão oficial sim"[179]. Ele afirma que Edward Quass era um delegado de confiança da alta cúpula do regime, que atuava em operações conjuntamente com Fleury: "Doutor Quass era informação, era papel, o doutor Fleury era operação, era dar o bote"[180].

Ivan Seixas também defende que os irmãos Quass não devem ser vistos apenas pelos cargos que ocuparam na segurança particular ou patrimonial do Grupo Folha, uma vez que atuavam como "segurança oficial de um departamento de tortura e assassinato chamado Departamento de Ordem Política e Social, DEOPS" e, com isso, pareciam prestar um "serviço de troca", abrindo portas para ambos os lados: "O Roberto Quass era um torturador, não é uma pessoa qualquer, e ele passa a conviver intimamente com a família do Frias. Eu não poria um cara desse dentro da minha casa, a não ser que eu fosse amigo, a não ser que eu confiasse nele. O Frias fez isso"[181].

Frei Betto faz, a esse respeito, uma análise precisa:

> Uma maneira da empresa se dar bem com o sistema era essa: deu todo espaço, assim como entregou a direção da Folha da Tarde a policiais. A empresa queria estar bem com quem estava mandando, e sobretudo num regime de terror, que era o que o Estado brasileiro praticava, terrorismo de Estado. Então, a empresa queria se acobertar e por isso empregava esse pessoal[182].

---

179. Carlos Alberto Augusto, entrevista à equipe em 14 de fevereiro de 2023.

180. Carlos Alberto Augusto, entrevista à equipe em 14 de fevereiro de 2023.

181. Ivan Seixas, entrevista à equipe em 30 de março de 2023.

182. Frei Betto, entrevista à equipe em 11 de abril de 2023.

Roberto Quass foi o responsável pela contratação de ao menos um dos chamados "arrependidos" para trabalhar na Folha da Tarde como jornalista. De acordo com Marcos Vinicio Fernandes dos Santos, como vimos, "foi o Roberto Quass que me indicou para entrar lá (...). Aí eu entrei direto. Ele era delegado do DEOPS. O Frias, dono da Folha, deixava ele fazer o que quisesse lá"[183].

Nossa investigação revelou, ainda, outra grave acusação direcionada aos irmãos Quass e ao Grupo Folha. Trata-se do caso protagonizado por Paulo Frateschi, então militante da ALN.[184] Frateschi foi preso pela Oban quando tinha 19 anos, em julho de 1969, e ficou detido no DEOPS até novembro do mesmo ano, quando o juiz da Auditoria Militar determinou sua soltura. De acordo com ele, o processo de libertação foi precedido por intimidações e ameaças por parte do delegado Sérgio Paranhos Fleury, que, ao final, convocou um outro delegado para realizar os encaminhamentos da sua soltura:

> Este delegado me acompanhou até a carceragem, deu baixa nos papéis e me levou até a portaria principal do Largo [General Osório], onde meu pai me esperava. A partir daí é que aconteceu o inusitado. Saímos os três e caminhamos até o saguão de entrada do jornal Folha de S.Paulo, na Barão de Limeira. Ali nos esperava outro delegado que fazia parte da segurança do jornal. Eles se reuniram num canto e eu fiquei esperando por alguns minutos até que me liberassem e finalmente eu pudesse sair em companhia do meu pai. Já na calçada perguntei o que significava aquilo tudo e por que não havia sido liderado lá no DOPS. Muito emocionado, ele pediu que eu não perguntasse nada e que

---

183. Marcos Vinicio Fernandes dos Santos, entrevista à equipe em 15 de fevereiro de 2023.

184. A equipe agradece ao jornalista Vasconcelo Quadros por indicar caminhos para a apuração dessa história.

> não me preocupasse. Contou apenas que o outro homem também era delegado, que eram irmãos, e que estava tudo certo. Fiquei com a impressão de que no jornal Folha de S.Paulo funcionava uma sucursal da repressão. E que o meu pai havia sido achacado[185].

Paulo Frateschi conta que seu pai, Nelson, vendeu naquele período um dos seus imóveis. Ele acredita que o dinheiro da venda foi usado para pagar os delegados naquele dia, no saguão do prédio da Folha. Seu relato apresenta revelações graves sobre os irmãos Quass e a empresa Folha da Manhã S.A. Ainda que não seja possível afirmar que Frias e Caldeira soubessem das extorsões promovidas contra militantes, ambos eram responsáveis pelo que ocorria nas dependências de sua empresa, tanto no que se refere ao uso dos carros pela repressão quanto no que diz respeito a situações como esta, de acosso, ameaça e achaques. O fato de os irmãos Quass utilizarem o saguão do Grupo Folha, local de ampla circulação, para realizarem uma operação que incluía o pagamento ilegal para a soltura de um preso político demostra o quanto a empresa havia se tornado um espaço de livre ação para os agentes da ditadura. Não é à toa que Frateschi reconhece a Folha como "sucursal da repressão" naquele momento.

Para além dos depoimentos coletados, a pesquisa sistematizou uma série de documentos que comprovam que Edward Quass ocupava um cargo significativo dentro da estrutura da empresa, atuando também, juntamente com seu irmão Roberto Quass, como segurança pessoal dos dirigentes da Folha e seus familiares. Em relatório de 26 de setembro de 1971, localizado no Arquivo Público do Estado de São Paulo, o DEOPS-SP afirmou ter colocado "à disposição do Dr. Edward Quass dois homens pertencentes a esta equipe, para darem cobertura policial à residência do Sr. Carlos Caldeira Filho",

185. Paulo Frateschi, entrevista à equipe em 22 de julho de 2023.

dirigente do grupo Folha à época, "[...] incluindo também para o referido serviço uma metralhadora de n. 70.U.76"[186].

Localizamos, ainda, um inquérito produzido pelo Superior Tribunal Militar, em 1973, envolvendo dois funcionários do grupo, que evidencia, de forma clara, como os irmãos Quass exerciam cargos de confiança na empresa, sob o aval de seus dirigentes, ao mesmo tempo que colaboravam sistematicamente com atividades da repressão. O documento, disponível no acervo do site Brasil: Nunca Mais Digit@l, versa sobre Messias Ayrton Scatena e Helena Miranda de Figueiredo, ambos funcionários do Grupo Folha. Scatena, que também era delegado do DEOPS, teria passado informações privilegiadas para Helena Miranda, de quem era amante. Ela, por sua vez, teria repassado essas informações para seu namorado, pertencente a uma organização de esquerda.

Ayrton Scatena e Helena Miranda de Figueiredo foram detidos após terem seus telefones interceptados pelo DEOPS. No inquérito, Scatena afirmou que, além de repórter da Ultima Hora e segurança no DEOPS, "participava de serviços de repressão, combate a subversão e terrorismo", tendo atuado entre cinco a dez diligências no período de três anos em que exerceu o cargo na delegacia[187]. O policial-jornalista disse ter uma relação próxima com Octavio Frias de Oliveira, uma vez que trabalhava como seu motorista pessoal e segurança de seus filhos. Afirmou, ainda, que o diretor do Grupo Folha lhe

---

186. SECRETARIA DE SEGURANÇA PÚBLICA. Departamento de Ordem Política e Social. Relatório do Plantão. São Paulo, 26 de setembro de 1971. *Arquivo Público do Estado de São Paulo*, Fundo DEOPS, BR_SP_APESP_DEOPS_50-Z-129-10781.

187. BRASIL NUNCA MAIS. Ministério Público Federal. BNM 448. Ação Penal 829/73. Messias Ayrton Scatena e Helena Miranda de Figueiredo. Apelação STM 39.947, 1973, p. 130.

depositava "grande confiança" e que fora liberado da função de jornalista da empresa "para se dedicar integralmente à segurança da família [...], sem prejuízo dos vencimentos"[188].

De acordo com o inquérito, a contratação de Messias Ayrton Scatena fora recomendada pelo seu chefe, o delegado do DEOPS-SP Edward Quass — que, juntamente com seu irmão e também delegado de polícia, Roberto Quass, como dito anteriormente, chefiava os serviços de segurança das empresas pertencentes ao grupo Folha. O documento menciona a proximidade de ambos com o delegado Sérgio Paranhos Fleury, que "também participava dos mesmos serviços e mais especificamente relativamente a subversão e terrorismo"[189].

Helena Miranda de Figueiredo trabalhava na Folha desde 1962. A jornalista, conhecida como Tia Lenita, criara e era editora do caderno infantil Folhinha e da Folha Feminina[190]. Foi detida na véspera do Natal de 1972 e ficou encarcerada até fevereiro do ano seguinte. A jornalista relata que foi torturada durante quase todo o período:

> Fiquei três meses apanhando de manhã, de tarde e de noite. Me quebraram sete costelas a murro. Vinham dois pela frente e dois por trás e batiam. Aí arrebentava tudo por dentro. Me fizeram engolir literalmente as páginas da Folhinha. Foi horrível (...). Eles faziam uma bolinha e mandavam eu engolir. A primeira você engole, a segunda vai, a terceira... Sangra a garganta, acho que por isso tive esse câncer na laringe. Como no seio também. De tanto choque que eu levei, eu perdi um seio. Isso arruinou a minha vida.

---

188. BRASIL NUNCA MAIS. Ministério Público Federal. BNM 448. Ação Penal 829/73, p. 125.

189. BNM 448; Ação Penal 829/73, p. 130-131.

190. A partir de 1974, Helena Miranda de Figueiredo passou a trabalhar como colunista da Folha da Tarde, na qual atuou por quase duas décadas.

De acordo com seu relato, as torturas na prisão só cessaram após intervenção direta de Octavio Frias com o delegado Edward Quass:

> O Frias mandou o Quass, que era segurança da Folha e investigador do DOPS. O irmão dele, o Roberto Quass, também era do serviço de inteligência. Falou para o Quass quando ficou sabendo: "Vá lá, e não toque mais nessa moça" (...). E acabaram as sessões de tortura. Acho que depois fiquei mais um mês, um mês e meio. Mas nunca mais me tocaram[191].

Um informe do Serviço Nacional de Informações sobre Samuel Wainer[192], à época diretor de redação da Ultima Hora, traz outras informações sobre a atuação dos irmãos Quass no Grupo Folha. Em uma passagem do relatório sobre o repórter José Maria Afonso de Souza, o SNI suspeita que ele tenha recomendado o jornalista Humberto Kaoru Kinjô, membro da organização Polop, para um trabalho em um jornal colombiano. Segue-se, então, o seguinte trecho:

> **Sucedeu que elementos de segurança do grupo FOLHAS (são do DEOPS liderados pelo Delegado Edward Quass) descobriram sobre a mensagem enviada e o detiveram.** Ele foi levado àquela repartição policial, prestou declarações e foi liberado em seguida. **O presidente do Grupo FOLHAS, Sr Octavio Frias de Oliveira, determinou sua demissão do cargo** (grifos nossos)[193].

---

191. Depoimento de Helena Miranda de Figueiredo (Tia Lenita) ao Projeto de História Oral da Folha, concedido em 7 de junho de 2017 a Carlos Kauffmann, em São Paulo.

192. Samuel Wainer, que tinha vendido a Ultima Hora para Frias e Caldeira em 1965, voltou a trabalhar no jornal em 1973.

193. SERVIÇO NACIONAL DE INFORMAÇÕES. "Informe — Samuel Wainer e o Grupo 'Folhas'". *Arquivo Nacional*, Fundo Serviço Nacional de Informações, notação br_dfanbsb_v8_mic_gnc_eee_81006124_d0001de0001.

Trata-se de um trecho revelador. Indica que funcionários liderados por Edward Quass vigiavam os jornalistas do Grupo Folha e os denunciavam, caso achassem necessário. Aponta, ainda, que o jornalista Humberto Kinjô teria sido demitido por Octavio Frias por motivação exclusivamente política.

Outro documento significativo é uma comunicação interna emitida pelo Departamento de Transportes da Folha para a "Auditoria do Dr. Quass", que informava sobre um furto do "veículo de prefixo nº 76", ocorrido em 8 de junho de 1972[194]. O fato de a empresa despachar um documento interno, direcionado a um funcionário que era também um agente da repressão, um delegado do DEOPS, é mais uma prova material da cumplicidade e da proximidade da empresa com o aparato repressivo da ditadura.

Para justificar a presença de policiais e agentes da repressão em seus quadros funcionais, o Grupo Folha costuma lembrar, em seus textos institucionais, que a empresa também contratou profissionais de esquerda, como Cláudio Abramo, e ligados à luta armada, como era o caso de alguns jornalistas que trabalharam na Folha da Tarde antes de o jornal passar para o comando de Antonio Aggio.

Em texto recente, publicado após a divulgação de alguns resultados da nossa pesquisa, o Grupo Folha buscou se desresponsabilizar por sua atuação alinhada à repressão por meio desse mesmo argumento. O jornal reproduziu um trecho do memorial de Oscar Pilagallo, escrito em 2005, em que ele afirma que Frei Betto teria extrapolado o papel de jornalista: "Ele próprio declarou em *Batismo*

---

194. EMPRESA FOLHA DA MANHÃ S/A. Comunicação interna nº 9372. Furto do nosso veículo de prefixo n. 72, 8 de junho de 1972. *Arquivo Público do Estado de São Paulo*, Fundo DEOPS, 50Z_129_052_12062.

de Sangue, livro de 1982: 'Promovido a chefe de reportagem, mantive um setorista no DOPS que me passava informações sobre operações repressivas, de modo a prevenir os alvos visados'"[195].

O fato de o então chefe de reportagem integrar os quadros da ALN e se valer da sua posição no jornal para lutar pelo fim da ditadura não o coloca em posição de equivalência aos agentes de repressão e aos apoiadores do regime. Enquanto Frei Betto buscava formas para garantir o retorno da democracia no país, figuras como Aggio ou os irmãos Quass favoreceram, com a conivência de empresários como Frias e Caldeira, ações que culminaram em perseguição, tortura, morte e desaparecimento de jovens que se engajaram na luta contra a ditadura.

Tal perspectiva reducionista ficou conhecida na Argentina como "teoria dos dois demônios" (Crenzel, 2020; Franco, 2014), e nada mais é do que a interpretação de que os atos de violência perpetrados pela ditadura seriam, em alguma medida, equiparáveis às ações promovidas pelas organizações guerrilheiras que lutavam contra a repressão. Sugerir que o papel de Frei Betto, em defesa da democracia, tem alguma similaridade com o que foi desempenhado por pessoas que colaboraram com violações de direitos humanos revela, senão má-fé, um desconhecimento sobre o contexto político em questão.

195. Documento aborda trajetória do Grupo Folha no período da ditadura militar. Ilustríssima. *Folha de S.Paulo*, ano 103, n. 34.423, p. C6-7, 2 de julho de 2023.

EMPRÉSTIMO DOS CARROS E PARTICIPAÇÃO EM AÇÕES DA OBAN

Um tema sempre muito mencionado, mas até hoje pouco investigado, diz respeito à colaboração do Grupo Folha com a ditadura por meio da cessão de seus automóveis para dar cobertura a operações contra militantes políticos (campana, perseguição, prisão e transporte de opositores ao regime) realizadas no âmbito da Operação Bandeirante (Oban).

Uma análise cuidadosa dos fatos nos permite afirmar, sem qualquer dúvida, que a empresa emprestou seus veículos para auxiliar os órgãos de repressão. Esse fato foi atestado pelo próprio Otávio Frias Filho, em depoimento para a biografia de seu pai. Ele afirma categoricamente que estes veículos foram, sim, utilizados pela repressão. Seu depoimento é bastante contundente:

> Depois de conversar com o meu pai e até com gente que teve ligações com a guerrilha naquela época, **eu diria que sim: os caminhões de transporte da Folha foram usados por equipes do DOI-CODI para fazer campana e até prender guerrilheiros, ou supostos guerrilheiros**. Mas tenho convicção de que isso foi feito à revelia do meu pai e até do Caldeira. Digo até do Caldeira, porque ele era o pessoal que tinha mais afinidade com esse setor do regime militar. Ele tinha uma amizade antiga com o Coronel Erasmo Dias [secretário de Segurança Pública de São Paulo], até porque os dois eram de Santos (Paschoal, 2007, p. 157, grifo nosso)

Há diversos relatos de ex-presos e militantes políticos que afirmaram ter visto e/ou sido vítimas da repressão através dos carros da empresa, bem como depoimentos de ex-agentes da repressão, evidenciando que as relações entre a Folha e a ditadura foram além da afinidade ideológica. Essa versão foi praticamente chancelada pelo relatório final da Comissão Nacional da Verdade (2014), ao afirmar que o apoio do empresariado paulista, dentre eles o Grupo Folha, teria sido fundamental para dar legitimidade e sustentação à ditadura e sua estrutura coercitiva (Brasil, 2014b).

O relatório da Comissão da Verdade, Memória e Justiça do Sindicato dos Jornalistas Profissionais no Estado de São Paulo afirma, também, que em muitos jornais "os próprios patrões agiam como agentes do sistema". Dentre esses, o caso mais famoso seria o do Grupo Folha, "que cedeu pessoal e carros para a Operação Bandeirante utilizar na busca e captura de opositores do regime" (Sindicato dos Jornalistas, 2017, p. 8).

Claudio Guerra, ex-delegado do DOPS do Espírito Santo, em entrevista à mesma comissão, contou que a Folha ajudou a financiar diretamente as ações de repressão, ao ceder veículos para suas operações: "Usávamos os carros para fazer o levantamento e colocar grampos, porque o carro da imprensa não chamava atenção. Naquela época não tinha a facilidade de hoje (...) e o carro era ótimo para isso" (Sindicato dos Jornalistas, 2017, p. 44). Além desses e de outros relatos, registrados em livros e produzidos no âmbito de comissões da verdade, uma série de entrevistas realizadas pela nossa equipe com presos políticos, militantes, funcionários da empresa e agentes da repressão nos possibilitou avançar no caso, elucidando alguns de seus aspectos. Um dos nossos entrevistados, Francisco Carlos de Andrade, que foi membro da ALN, afirmou ter visto "vários carros" da Folha (quatro ou cinco enfileirados, sempre vazios) no pátio da Oban, na Rua Tutoia, em São Paulo, enquanto esteve preso, durante os anos de 1971 e 1972[196].

---

196. Francisco Carlos de Andrade, entrevista à equipe em 04 de fevereiro de 2022.

> Eu só posso te falar que eu tive certeza disso depois que eu vi, **depois que eu fui preso e vi os carros da Folha estacionados dentro da Operação Bandeirante. Eu vi. Eu vi**. Eu e o Ivan Seixas. Quer dizer... carros da Folha de S.Paulo estacionados dentro do DOI-CODI não tinha sentido. Porque aquilo era carro de entrega de jornal. Era uma caminhonete com carroceria, com coisa coberta e tal, e eles faziam defesas ali com saco de areia, como se fosse uma proteção para os policiais que estavam lá dentro. **A participação da Folha é inegável, eu não sei se é culpa dos Frias, se é culpa do Caldeira ou se é uma conjunção de coisas, mas a participação da Folha é inegável**[197].

O ex-preso político e militante do Movimento Revolucionário Tiradentes (MRT) Ivan Seixas confirma a história. Em entrevista para a pesquisa, ele disse que durante sua prisão viu carros da Folha várias vezes na frente da Oban e uma vez estacionados dentro do pátio:

> **O carro da Folha foi visto, eu vi várias vezes fora e uma vez dentro do estacionamento da Oban. Tem companheiros que foram transportados**, como o Adriano Diogo, e há vários outros relatos. Era [carro de] transporte de jornal que não estava ali transportando jornal, porque ali não era um lugar de vender jornal. **Objetivamente: era esquema, eles iam sair e levar o carro para depois montar alguma emboscada**[198].

Há também relatos de militantes que foram detidos e outros que foram mortos a partir da utilização de carros da Folha, conforme veremos em detalhes mais à frente, no caso envolvendo a prisão dos então estudantes Adriano Diogo e Arlete Lopes e na chamada

---

197. Francisco Carlos de Andrade, entrevista à equipe em 10 de abril de 2022.

198. Ivan Seixas, entrevista à equipe em 30 de março de 2023.

"emboscada da Rua João Moura", que culminou na morte de três militantes da ALN: Antonio Sergio Matos, Eduardo Antonio da Fonseca e José Manoel Nunes de Abreu. Para Adriano Diogo, os relatos sobre a utilização dos carros da Folha eram tão comuns à época que se tornaram uma espécie de jargão entre os estudantes da USP:

> Qualquer lugar em Pinheiros em que a gente ia cobrir um ponto, em que a gente ia numa manifestação, sempre aparecia um carro da Folha de S.Paulo, sempre aparecia. No campus, com o pretexto de entregar o jornal em algumas bancas e centros acadêmicos, sempre tinha um carro da Folha de São Paulo. [...] Na USP, **ver o carro da Folha e ver o carro da repressão era a mesma coisa.** [...] **Era do jargão da universidade: onde tem carro da Folha de S.Paulo, tem carro da repressão**. [...] Até os jogos da Copa do Mundo... nós púnhamos enormes telões nas grandes áreas comuns da USP e **os carros da Folha de S.Paulo vinham vigiar a gente** durante o jogo, sábado e domingo. Por que tinha carro da Folha na USP? No prédio de história e Geografia, da FAO, estacionado lá, **era o carro da repressão**[199].

Para o jornalista José Luiz Proença — que atuou, a partir de 1970, como repórter e subchefe de reportagem na Folha da Tarde e, a partir de 1973, como secretário de redação do jornal Notícias Populares —, todos os colegas sabiam do empréstimo dos carros pela repressão: "Eles aconteceram mesmo, a gente sabia. A Folha alegava que não, que os carros tinham sido roubados ou não sei o quê. Mas a gente sabia, até por conta dessa presença [dos policiais] dentro da Folha. Era visível"[200].

---

199. Adriano Diogo, entrevista à equipe em 14 de fevereiro de 2022.

200. José Luiz Proença, entrevista à equipe em 18 de janeiro de 2023.

O jornalista Jorge Okubaro, que atuou como subsecretário de redação da Folha da Tarde no período, confirma a versão de Proença:

> Nós, dentro da Folha, sabíamos, à época, que a Folha fazia isso. É uma vergonha para qualquer empresa, para qualquer cidadão, para qualquer pessoa, apoiar materialmente a repressão naquele momento em que se torturava, matava, desaparecia com corpos de pessoas. **A Folha ajudava a fazer isso materialmente, não era ideologicamente. A história não pode ignorar isso**, embora a Folha negue. [...] É preciso que a história saiba o que aconteceu. A Folha apoiava a repressão, materialmente. [...] A Folha apoiou os atos mais escabrosos [da ditadura], mais desumanos. Qualquer que seja a contabilização em números, nada retirará esse caráter essencial do papel da Folha. A contabilização é menos importante do que o significado do ato[201].

Apesar da convicção de Otávio Frias de que esses acontecimentos tivessem ocorrido à revelia de seu pai e do sócio, é difícil acreditar que uma decisão desse porte, de emprestar veículos à ditadura — por tudo o que envolvia em relação à imagem, à segurança e ao próprio patrimônio das empresas do grupo — pudesse ter sido tomada por funcionários subalternos. Mesmo se tivesse acontecido dessa forma, é improvável que nenhuma informação sobre essas operações tenha chegado ao conhecimento da direção da empresa. A ela cabe, nos parece, toda a responsabilidade sobre os acontecimentos, seja por ação ou omissão.

Cabe lembrar que esses empréstimos não foram episódicos, mas sistemáticos, sobretudo nos primeiros anos da década de 1970. Wianey Pinheiro, outro jornalista que atuou na Folha no período,

---

201. Jorge Okubaro, entrevista à equipe em 13 de fevereiro de 2023.

concorda com o argumento: “Sem um patrão saber, você acha que isso aconteceria? [...] Não, não foi só uma vez, foi uma coisa articulada. Alguém autorizaria sem que a direção maior, os homens da empresa, soubessem?”[202].

Os testemunhos que colhemos chamam atenção para o fato de que os atentados contra os veículos da Folha de S.Paulo se deram em virtude do efetivo envolvimento da empresa com os órgãos de repressão, de amplo conhecimento da militância à época. Cesar Augusto Castiglioni, ex-militante da ALN, afirma que, na organização, todos sabiam da posição da empresa. Ele considera que os incêndios foram, acima de tudo, um “ato político” bem planejado, uma forma de denunciar o que vinha acontecendo:

> Com certeza havia planejamento. Com certeza. Ou seja, não é que você estava passando pela rua, encontrava um carro da Folha e dizia um para o outro: “Vamos queimar esse carro?”. [...] Se fosse só para ser espetacular, não fariam, com certeza. Só pelo espetáculo? Bonito botar fogo em carro? Não. Inclusive porque dá muito trabalho e era muito arriscado. Porque você fazer uma operação dessa envolvia mobilizar gente. E gente que, se fosse pega, morreria. Então, nós não éramos irresponsáveis. Nós não éramos niilistas nem porras-loucas.
>
> [...] **Para nós, a Folha era o aparato da repressão**. Eu acho muito engraçado. Para mim, é uma hipocrisia. Você ouve os Frias falando desse período: “Ah, se houve carro emprestado foi sem o conhecimento da direção”. Quer dizer que, nesse caso, vale o argumento de que “eu não sabia”. É isso? Você acha que alguém dentro da Folha de S.Paulo ia ter coragem — aí é coragem, é peito — de emprestar o carro da Folha para o DOI-CODI ou para o DOPS sem o conhecimento da direção do jornal?

202. Wianey Pinheiro, entrevista à equipe em 25 de janeiro de 2023

> [...] Você não pode alegar desconhecimento na frente da lei. "É ilegal fazer isso, mas a minha empresa fez". Você é responsável. [...] Eles sabiam. [...] **Para nós era material, era concreto que a Folha apoiava as ações da ditadura**. Se você me perguntar assim: "Você tem provas de que um carro da Folha...?". Não. Mas tem muito relato da época. Para nós, eu volto aqui a dizer isso, para nós, na época, era claro, era evidente. Os relatos de caminhão da Ultragaz e de carro da Folha de S.Paulo... A gente volta e meia recebia esse tipo de notícia. **Estou te dizendo por experiência própria. Se eu fosse entrar numa rua que tivesse um carro da Folha de S.Paulo ou um carro da Ultragaz, eu não entrava.** Ponto. Era tão simples quanto isso[203].

O jornalista Antonio Carlos Fon também relata, em entrevista à equipe, que os ataques da ALN foram direcionados exclusivamente ao Grupo Folha por conta de seu envolvimento explícito com os órgãos repressivos da ditadura:

> Tem alguma notícia de ataque da ALN contra O Globo? Contra a Veja? Eles nos atacavam também, e eles estavam do outro lado. Mas eles não emprestavam carro para nos assassinarem. Eles não participavam diretamente da ação de combate. [...] Você veja, todo mundo colaborava. A Abril colaborava. A Globo dava suporte político. O Estadão também. Ninguém sofreu nada. Nós não atacamos ninguém, não metralhamos ninguém. Não queimamos nenhum carro. Por que nós fizemos isso com o Boilesen e queríamos fazer com o Frias e com o Caldeira? Porque eles se envolveram diretamente[204].

---

203. Cesar Castiglioni, entrevista à equipe em 19 de fevereiro de 2022.

204. Antonio Carlos Fon, entrevista à equipe em 26 de maio de 2022.

André Ota, que à época era estudante de física da USP e militante da ALN, comenta sobre o ataque aos carros da Folha:

> Em relação ao Grupo Folha, a gente tinha duas coisas que eram importantes. Uma: eles tinham um jornal, que era a Folha da Tarde, que foi entregue ao DOI-CODI, à Operação Bandeirante, para eles colocarem as informações deles nesse jornal da Folha. E a segunda coisa que eles fizeram foi usar os carros de entrega de jornais, (...) **O DOI-CODI começou a utilizar esses carros para preparar armadilhas e ações contra a esquerda, em geral, e nós ficamos sabendo disso.** Eu não sei quantos carros nós queimamos, mas cerca de dois ou três pelo menos **foram queimados pela organização para mostrar para o Grupo Folha que nós estávamos sabendo**. Não era só a Folha, era a Ultragaz, empresa de entrega de gás, era a Light. E tinha outras empresas, caminhão de lixo, essas coisas. Mas a Folha fazia esse trabalho sistemático, entregas sistemáticas com as caminhonetes deles, onde ficavam escondidos os policiais que preparavam as armadilhas para pegar a esquerda (...) Todos nós tínhamos certeza disso, assim como tínhamos certeza [da colaboração] da Ultragaz, que era do Boilesen. (...) **A gente ficava sabendo de tudo dentro da organização. Porque as coisas que afetavam a segurança de um, afetavam a segurança de todos.** Então, a gente ficava sabendo[205].

Ivan Seixas atesta, ainda, que os ataques aos carros da Folha não foram feitos para "censurar" e/ou "silenciar" a imprensa, mas porque os militantes sabiam que o jornal fazia parte do "esquema": "Foi, objetivamente, porque passou dos limites. Vocês sabem que a gente sabe que os carros são usados. Então, vamos deixar marcado

---

205. André Ota, entrevista à equipe em 5 de maio de 2022.

para uma demonstração. Para nenhuma outra empresa fazer isso"[206]. Por fim, ele enfatiza:

> Se não fosse a ALN queimar os carros da Folha, jamais se acreditaria no relato de que eles colaboravam emprestando carros e (...) dando um jornal inteiro para fazer propaganda da ditadura. Eu estou falando tudo isso para dizer o seguinte: os documentos falam, os depoimentos falam, mas as ações da época falam muito mais[207].

Essa visão é corroborada por Artur Scavone, outro membro da luta armada (ALN) entrevistado pela equipe:

> Eu tenho a mais absoluta certeza de que na medida em que a ação ocorreu, e foi feita pelo GTA [Grupo Tático Armada] da ALN, **era absolutamente segura a informação de que eles estavam cedendo os carros para as ações de campana do DOI-CODI**. Acho que isso é tranquilo... do que eu vivi, do que eu conheci. Isso não seria, por exemplo, uma ação para tentar criar uma denúncia falsa ou coisa que o valha. Pelo contrário, **era uma forma de se tentar provocar a notícia. Por que se queimou o carro? Porque eles estão fazendo tais e tais coisas**[208].

Outro depoimento importante que nos auxilia a elucidar a responsabilidade do Grupo Folha é do ex-sargento e agente do DOI-CODI Marival Chaves do Canto. Em entrevista à equipe, o agente confirmou a utilização dos carros do grupo, além de ter enfatizado a importância dessa utilização, uma vez que os órgãos da repressão, pelo

---

206. Ivan Seixas, entrevista à equipe em 25 de março de 2022.

207. Ivan Seixas, entrevista à equipe em 30 de março de 2023.

208. Artur Scavone, entrevista à equipe em 23 de março de 2022.

menos em um momento inicial, careciam de infraestrutura e necessitavam de carros descaracterizados para realizar atividades de vigilância, monitoramento e prisão dos militantes políticos, muitas dessas resultando em mortes:

> Eu me lembro que nós não tínhamos essa disponibilidade, essa infraestrutura, um carro fechado. Depois é que apareceu, foi montado um carro com essas características para ser usado nessas operações. Então, **não há dúvida nenhuma, eu estou dizendo a você com 100% de convicção que a Folha participava, dava colaboração às operações de rua. Especialmente aquelas operações... eram de cobertura de pontos de rua, onde as pessoas que entravam no ponto morriam**. Ninguém, raramente... Houve um caso, por exemplo, na rua, no restaurante Varela, na Mooca; houve o caso, por exemplo, de Antônio Carlos Bicalho Lana. Ele conseguiu romper o cerco com uma metralhadora, a tiros etc. Mas a maioria morreu. Morreu Ana Maria Nacinovic Correa, o irmão dela, a maioria morreu. E naquilo ali tinha, vamos dizer assim, dentro da infraestrutura, tinha participação dessas empresas. E o carro distribuidor de jornal era o ideal, porque era todo fechado, abria a traseira ali... Depois é que foi montada uma Kombi, nós tínhamos lá um veículo Kombi com essa finalidade específica. Quer dizer, inicialmente, quando não se tinha nada, o carro distribuidor de jornal era uma mão na roda, como diz a história, muito útil para esse tipo de coisa[209].

De acordo com Marival Chaves, a colaboração da Folha com as ações da repressão se deu principalmente por interesses econômico-financeiros, já que "alguma vantagem esse grupo estava levando,

---

209. Marival Chaves do Canto, entrevista à equipe em 12 de julho de 2022.

porque eles queriam a perpetuação do regime. [...] Não tem ideologia nessa história, tá certo? Aquilo que trouxer benefício para mim, vantagem para a minha empresa, é lá que eu vou estar"[210]. Assim como outros, o ex-agente da repressão acha pouco provável a tese sustentada pela Folha de que o uso dos carros aconteceu à revelia da alta direção da empresa, já que se tratava de uma atividade de grande risco, passível de comprometer seriamente a sua imagem. Seu depoimento é claro e contundente:

> Isso era uma, vamos dizer assim, atividade super arriscada. [...] E**ra um processo de infiltração gigante e isso não passaria despercebido, em hipótese alguma, da direção do grupo. Sem anuência da direção nada disso teria acontecido.** Eu não sei decifrar ou me estender sobre o organograma de uma empresa desse tamanho aí, mas a gente imagina que não há como infiltrar alguém ali sem a anuência do grupo. **A alta cúpula do grupo se ligava com a do órgão.** Sabe onde é, isso aí? Exatamente na V e na II seção do Estado Maior do Exército. Todos os órgãos eram dirigidos, no mínimo, por um coronel, no mínimo. Quando não pelo general-chefe do Estado Maior, que tomava conhecimento disso tudo, que era o comandante do Centro de Operações de Defesa Interna. Não tem o DOI? Não é Destacamento de Operações de Informação? **O CODI se prestava exatamente para esse papel aí, de fazer as ligações nas cúpulas das empresas. E aí sim, uma infiltração desse tamanho era decidida nesse nível.** Não há como imaginar que a coisa fluísse em outra direção. Não era nem a nível de DOI, você pode ter certeza, era II e V seções. Essas duas seções do Estado Maior comandado por esse general, chefe do Estado Maior, que era o

---

210. Marival Chaves do Canto, entrevista à equipe em 12 de julho de 2022.

> comandante do CODI, do Centro de Operações de Defesa Interna, é que tratava dessas questões, essas ligações em alto nível dessas empresas, não tenho dúvida nenhuma disso[211].

Marival Chaves dá detalhes de como eram executadas essas operações que, de acordo com ele, eram bem específicas, feitas a partir de um "entendimento prévio" entre os dirigentes da empresa e os agentes da repressão:

> Era um contato feito dentro da direção. Essa direção escalava um carro para tal lugar, tal hora, para estar ali naquele local. Ali, entrava-se em contato com pessoas, dirigentes da operação, posicionava-se o carro no local mais adequado e, a partir daí, o processo se desenvolvia. Para que não houvesse testemunha, o motorista era dispensado: deixa a chave aqui, deixa o carro aqui e você vai dar uma volta por aí e só aparece aqui tal hora. Exatamente para que não houvesse conhecimento. Por exemplo: imagine o motorista estar no local onde ele vai ser testemunha de um tiroteio onde A, B ou C morreram? Então era dessa forma.

O Grupo Folha possibilitou e facilitou as atividades da repressão, provavelmente com o conhecimento e a anuência dos seus dirigentes. Ao emprestar seus veículos, a empresa teve uma efetiva participação em ações que levaram ao monitoramento, à prisão e até mesmo à morte de militantes políticos. Marival Chaves do Canto é, mais uma vez, preciso:

---

211. Marival Chaves do Canto, entrevista à equipe em 12 de julho de 2022.

> Se não tivesse proporcionado os meios, os recursos, os fins não seriam aqueles. Foram aqueles porque houve uma infraestrutura que facilitou a que se chegasse àquele desfecho. Eu tenho convicção do que eu vou falar: as Forças Armadas tinham limitações financeiras. O CIE, porque estava intimamente ligado ao ministro do Exército, tinha mais liberdade e podia gastar mais. Mas os DOI, não. Os DOI tinham muitas limitações. Os dirigentes foram buscar recursos fora, exatamente por conta dessas limitações. A demanda foi crescendo, crescendo, crescendo e era impossível atender aquela demanda sem o aporte desses recursos. Então, do meu ponto de vista, o que aconteceu se deve e muito a quem proporcionou esses recursos, esse apoio[212].

Carlos Alberto Augusto, conhecido como "Carteira Preta" ou "Carlinhos Metralha", é outro agente da repressão que confirma a colaboração do Grupo Folha com a ditadura. Carlos Alberto foi investigador de polícia e serviu no DEOPS-SP, integrando a equipe de Sérgio Paranhos Fleury. Em entrevista para esta investigação, o policial valoriza o trabalho realizado pela empresa jornalística e defende que os dirigentes deveriam ser recompensados por conta de seus préstimos à ditadura: "Todo mundo que ajudou na repressão tem que ser indenizado. Sem sombra de dúvidas. E com muito dinheiro. Porque o que estão fazendo com ele aqui agora... estão querendo denegrir a empresa dele. Tem que ser indenizado, sim. E com muito dinheiro, tem que levantar o jornal"[213].

---

212. Marival Chaves do Canto, entrevista à equipe em 12 de julho de 2022.

213. Carlos Alberto Augusto, entrevista à equipe em 14 de fevereiro de 2023.

3_OS TRABALHADORES E OUTRAS VÍTIMAS

O Grupo Folha, ao promover campanhas contra a militância de esquerda, ao emprestar carros para a Operação Bandeirante e ao contratar como funcionários agentes ligados ao aparato repressivo, foi responsável por uma série de violações de direitos durante a ditadura. Em consequência da atuação da empresa, no contexto da repressão, muitos dos que lutavam contra o regime foram sequestrados, presos, torturados e mesmo mortos. Neste capítulo, vamos falar da história de algumas dessas pessoas que, sem ter qualquer ligação com o grupo empresarial, foram direta ou indiretamente suas vítimas. Vamos falar, ainda, sobre seus trabalhadores, em especial os jornalistas, que de diferentes formas também sofreram uma série de violações.

Como discutimos na introdução deste livro, o esforço recente de investigações sobre a responsabilidade de grupos empresariais por violações de direitos humanos na ditadura retoma, do ponto de vista historiográfico, uma tradição que coloca a questão da luta de classes no centro das análises. Esses trabalhos apontam que parte do empresariado e da burguesia financiou o golpe de 1964 e apoiou a ditadura para garantir a existência de um regime que atuasse em benefício desses mesmos setores. Por consequência, as políticas empreendidas pelos militares representavam um ataque frontal aos interesses, aos direitos e às condições de vida da classe trabalhadora.

Nesse sentido, uma das dimensões fundamentais da agenda de pesquisas sobre a responsabilidade empresarial diz respeito à necessidade de iluminar como, no interior das próprias empresas, os trabalhadores eram alvos de violências diversas, promovidas em geral por um conluio ora mais, ora menos explícito entre os empresários e a estrutura repressiva do regime, em um quadro no qual o poder econômico privado e o poder coercitivo estatal caminhavam lado a lado, muitas vezes se sobrepondo.

Nosso objetivo é pensar como essa questão se deu no interior do Grupo Folha. É preciso destacar, no entanto, uma especificidade importante do nosso objeto de investigação, que diz respeito à natureza intelectual do trabalho nos jornais e meios de comunicação. Ao contrário da maior parte das outras pesquisas empreendidas a partir da coordenação do CAAF/Unifesp, não se trata aqui de trabalhadores fabris, rurais ou operários. Isso implica diferenças importantes nas formas de autocompreensão, organização e representação.

Ainda assim, nossa pesquisa procurou dimensionar e sistematizar possíveis violações de direitos dos trabalhadores que atuavam no Grupo Folha que, por motivos políticos, foram presos, perseguidos e/ou desligados da empresa. Há também o caso dos que foram demitidos ilegalmente por "abandono de emprego" enquanto se encontravam em situação de encarceramento pelos órgãos repressivos. Foi o que aconteceu com os jornalistas Sérgio Gomes, Rose Nogueira, Vilma Amaro e José Maria Domingues dos Santos. A história de cada um dos quatro tem peculiaridades que apontam também para outros tipos de violações de direitos, conforme mostraremos em detalhes mais à frente.

Gostaríamos de registrar que identificamos dois casos de jornalistas perseguidos e presos ainda nas dependências do Grupo Folha, no prédio da Alameda Barão de Limeira: José Vidal Pola Galé, da Agência Folhas, e Rui Falcão, do Notícias Populares. É importante mencionar os funcionários do Grupo Folha que foram demitidos por causa de sua participação ativa na greve dos jornalistas, em 1979. Foram mais de 60 desligamentos que ocorreram em todos os jornais do grupo. Nesse cômputo não entraram aqueles que, como o jornalista Antonio Henrique Lago, foram desligados da empresa algum tempo depois.

Houve também funcionários que, apesar de não terem sido demitidos por sua adesão à greve, sofreram perseguições, humilhações e diferentes formas de constrangimento. Foi o que aconteceu com o jornalista Wianey Pinheiro. O caso dele, assim como todos os outros mencionados acima, será melhor explicado adiante.

MILITANTES PRESOS, TORTURADOS OU ASSASSINADOS POR MEIO DE VEÍCULOS DO GRUPO FOLHA

Adriano Diogo e sua companheira, Arlete Lopes — estudantes da USP e militantes da ALN —, foram presos por agentes da repressão em 17 de março de 1973. Diogo relatou que um automóvel de distribuição da Folha ficou estacionado em frente à sua casa, durante vários dias, preparando uma emboscada para capturá-los. Contou que sempre ficava "com a orelha em pé" quando avistava veículos do jornal em circulação ou estacionados nas ruas. Por isso, ficou desconfiado quando um carro Ford da Folha se manteve, por dias, dentro de uma borracharia na frente de sua casa:

> Eu vi aquele carro da Folha de S.Paulo um dia no borracheiro, dois dias, três dias, na quarta, na quinta, na sexta. No sábado fui dar aula, e falei para a minha companheira: "Nós vamos dar aula de manhã e vamos voar para a USP, mas eu acho que nós estamos sendo vigiados". (...) Quando nós entramos em casa para tomar banho e nos trocar para ir à USP, daquele carro da Folha de S.Paulo que estava no borracheiro saíram os militares que entraram no apartamento e nos prenderam[214].

Adriano Diogo tomava banho quando a campainha da sua casa tocou insistentemente. Ao abrir a porta, começou a ser espancado, ainda sem roupa. Foi algemado e arrastado com violência até um carro, que estava em sua garagem. Arlete Lopes também foi jogada no mesmo automóvel, e os dois foram levados para a Oban, onde foram barbaramente torturados. Depois de 90 dias de prisão, ao voltar para casa, Adriano Diogo teve a confirmação de que os militares estavam dentro do carro da Folha de S.Paulo: "O bairro inteiro sabia que eles estavam de campana, como a gente falava, vigiando todos os nossos movimentos". Segundo ele, havia um grande movimento na rua quando os militares saíram do carro: "Todo mundo viu a cena, parou o quarteirão inteirinho. Eles interditaram, puseram barreiras, puseram armas. E o carro da Folha estava lá".

Adriano Diogo comentou que parecia estar tudo combinado entre os militares, os funcionários da empresa e do seu prédio, já que não fazia sentido uma viatura da Folha de S.Paulo ser consertada ali, na Mooca — o bairro da Zona Leste de São Paulo fica a cerca de 8 km da sede da Folha. O próprio borracheiro da oficina era, segundo ele, quem mais explicava, para todos, como tinha sido a prisão deles:

---

214. Adriano Diogo, entrevista à equipe em 14 de fevereiro de 2022.

> A Folha de S.Paulo na Mooca? É muito longe. Não tem cabimento um cara vir trocar pneu e ficar uma semana aqui com o carro. A Folha tinha oficinas, frota própria, não tinha cabimento isso. E a tal borracharia não era nenhuma empresa que fazia suspensão, freio, roda, o balanceamento, essas coisas. Era uma humilde borracharia, uma bobagem que só fazia remendo de pneu. Jamais um carro ficaria desmontado ali tanto tempo, sustentado por cavaletes, suspenso no ar. Eles não tinham nem tecnologia para isso. Por isso é que a gente ficava tão preocupado[215].

Uma das ações mais violentas da Operação Bandeirante, envolvendo um veículo da Folha, ficou conhecida como a "emboscada da Rua João Moura". Aconteceu no dia 23 de setembro de 1971, mais ou menos um ano e meio antes da prisão de Adriano Diogo e Arlete Lopes. A operação levou à morte de três militantes da ALN: Sérgio de Matos, Eduardo Antônio da Fonseca e Manuel José Nunes Mendes de Abreu. De acordo o depoimento de Suzana Lisboa[216], em audiência realizada pela Comissão da Verdade do Estado de São Paulo, em março de 2014, a militante Ana Maria Nacinovic Corrêa — que sobreviveu à emboscada — relatou posteriormente que ela e seus três colegas resolveram atacar um jipe do Exército, estacionado à rua, para se apropriar de algumas armas. O automóvel estava aparentemente quebrado e havia apenas um soldado vigiando. Assim que renderam o soldado, no entanto, eles foram surpreendidos por militares que saíram de um carro baú da Folha, displicentemente estacionado próximo ao local:

---

215. Adriano Diogo, entrevista à equipe em 28 de maio de 2022.

216. Suzana Lisboa militava na ALN quando aconteceu a "emboscada da Rua João Moura". Seu marido, Luiz Eurico Tejera Lisboa, também da organização, desapareceu em 1972. Seus restos mortais foram encontrados no Cemitério de Perus, em São Paulo, em agosto de 1979.

> **Esse é um dos momentos em que há participação direta da empresa** Folha de S.Paulo **no assassinato de militantes da ALN**. Essa informação foi dada pela Ana Maria à direção da ALN e eu na época convivia aqui em São Paulo, vivia aqui e ouvi essa informação dos dirigentes da ALN, não da Ana Maria. Mas não há a mínima dúvida de que foi de dentro do carro baú da *Folha de S.Paulo* que os agentes saíram para matar os três militantes da ALN (Comissão da Verdade do Estado de São Paulo, 2014b, p. 5).

Ana Maria Nacinovic acabou morta, com outros companheiros de militância, em junho de 1972, em outra emboscada, no bairro da Mooca. Ela era companheira de Carlos Eugênio Paz, o Clemente, comandante da ALN, um dos poucos guerrilheiros que escapou da prisão e da tortura e sobreviveu ao regime militar. Para Adriano Diogo, que foi presidente da Comissão da Verdade do Estado de São Paulo, não há dúvidas de que o caso da Rua João Moura foi uma cilada organizada pelos militares, com a utilização dos carros da Folha como disfarce. Essa informação circulava à época entre a militância e era algo que "todo mundo sabia", disse ele em depoimento dado à equipe:

> A gente sabia que onde tinha [carro da] Folha de S.Paulo, tinha zica. E o atentado da João Moura foi uma tremenda duma cilada. O que foi o atentado da João Moura? Era um carro militar que estava aparentemente parado na Rua João Moura e o pessoal da ALN ia se apropriar do armamento que estava dentro do carro. Era uma cilada. E os carros que estavam próximos à cilada, onde os militares estavam disfarçados, eram carros da Folha de S.Paulo. Essa é a história da João Moura. Muito simples. [...] Para contar a história da cilada da João Moura, precisava falar da existência dos carros da Folha de S.Paulo[217].

217. Adriano Diogo, entrevista à equipe em 28 de maio de 2022.

Antonio Carlos Fon confirma a história:

> Uma pessoa que saiu dessa emboscada, a Ana Maria Nacinovic, escapou. Os outros três companheiros morreram. Ana Maria Nacinovic chegou e deu a informação para a direção: "Eles foram mortos com os policiais atirando de dentro do carro da Folha". Aí, a gente queria pegar o Frias. [...] E ele contratou quem para a direção de segurança da Folha? Contratou o Fleury. O Fleury passou a ser o responsável pela segurança da Folha de S.Paulo depois que a Folha emprestou o caminhão para matar três dos nossos companheiros[218].

Em entrevista à nossa equipe, Suzana Lisboa confirmou as informações dadas em seu depoimento à Comissão da Verdade do Estado de São Paulo sobre a "emboscada da Rua João Moura". Afirmou que colegas seus da época da luta armada e da militância na ALN, como Antônio Carlos Bicalho Lana, haviam passado pelo local momentos antes e estranhado a cena de uma possível emboscada, avistando um carro do Exército "parado como se estivesse estragado" junto a outro da Folha de S.Paulo. Ana Maria Nacinovic Corrêa teria contado, posteriormente, que quando o grupo resolveu assaltar o jipe do Exército "se abriu o caminhão da Folha, tipo baú, e de lá saíram numerosos agentes e começou o tiroteio"[219]. Ainda de acordo com Suzana Lisboa, essa informação circulou à época, porque era uma informação importante e estratégica para os militantes:

> Não era uma informação qualquer, **era uma informação fundamental para quem estava vivendo uma vida clandestina e tinha que ter as antenas absolutamente ligadas para tudo que podia estar relacionado às formas de atuação da**

---

218. Antonio Carlos Fon, entrevista à equipe em 26 de maio de 2022.

219. Suzana Lisboa, entrevista à equipe em 24 de maio de 2023.

> **repressão política, no caso, o DOI-CODI, à forma como eles atuavam, o que eles faziam, que tipo de carro eles usavam.** [...] E eu sempre fiz questão de contar. A Folha não disse que aqui morreram poucos? Dos poucos que morreram, como a Folha diz, muitos talvez tenham sido assassinados com a conivência e a participação da Folha de S.Paulo[220].

É importante ressaltar também que este acontecimento se deu exatamente dois dias após a ALN ter incendiado os carros da Folha, o que pode ser um indício de que a emboscada fora planejada como uma represália à organização. De acordo com Ana Estela de Sousa Pinto, no livro que escreveu para o Grupo Folha, a ausência de materialidade documental atestando o empréstimo dos carros à ditadura colocaria em xeque a afirmação de que a empresa teria colaborado materialmente com a repressão. Para sanar tais lacunas, ela defende que "os episódios precisam, portanto, ser recuperados por meio de depoimentos, com os limites que este recurso impõe, principalmente quando se trata de uma situação considerada de 'guerra' por todas as partes envolvidas" (Pinto, 2012, p. 56).

A jornalista, então, assim como nossa equipe, realizou entrevistas com militantes importantes da luta armada, como Ivan Seixas e Francisco Carlos de Andrade, que atestaram sobre o uso dos carros da Folha pela repressão. Ela conversou também com Carlos Eugênio Paz, que não pudemos ouvir, porque já havia falecido quando iniciamos nossa pesquisa. Apesar da contundência dos relatos recolhidos, no livro o testemunho escolhido para "encerrar" o debate foi do coronel Carlos Alberto Brilhante Ustra:

---

220. Suzana Lisboa, entrevista à equipe em 24 de maio de 2023.

> Durante o meu comando, nunca, jamais, uma viatura do Grupo Folha entrou no DOI ou fez qualquer trabalho para nós. Só usávamos as nossas viaturas, que, para isso, eram bastante descaracterizadas: troca de placas, mudança de cor e disfarce de seus ocupantes. Nunca descaracterizamos nossas viaturas usando o logotipo de qualquer empresa como de telefonia, de jornais, de energia elétrica etc. (Ustra apud Pinto, 2012, p. 58).

A escolha por respaldar a defesa da Folha no depoimento de Brilhante Ustra, até então o único oficial condenado como torturador durante a ditadura no Brasil[221], é reveladora. Em publicação recente, a Folha parece continuar no rumo de descredibilização de fontes que testemunharam sobre o uso dos carros pela repressão. Apesar de Carlos Eugênio Paz, liderança da ALN, ter falado em mais de uma ocasião sobre o assunto, o jornal, em 1º de julho de 2023, em sua defesa cita apenas um livro de sua autoria:

> Em 23 de setembro, militantes da ALN foram mortos numa emboscada por agentes do DOI-CODI que estariam escondidos numa caminhonete de entrega de jornal da Folha, segundo o jornalista Antônio Carlos Fon, ligado à organização armada. A emboscada foi armada com um carro do Exército, não com um veículo da Folha, segundo relato do episódio feito pelo então líder da ALN, Carlos Eugênio Paz, no livro "Nas Trilhas da ALN" (1997), de sua autoria, e em entrevista para o livro "Folha Explica Folha", de Ana Estela de Sousa Pinto[222].

---

221. Em janeiro de 2023, a Justiça condenou também os delegados Aparecido Calandra, David Araújo e Dirceu Gravina por danos morais coletivos sofridos pela sociedade brasileira em razão das torturas e mortes cometidas por eles durante a ditadura militar.

222. Documento aborda trajetória do Grupo Folha no período da ditadura militar. Ilustríssima. *Folha de S.Paulo*, ano 103, n. 34.423, p. C6-7, 2 de julho de 2023.

O referido livro de Carlos Eugênio Paz, descrito em seu próprio título como uma publicação baseada em "memórias romanceadas", menciona a presença de uma viatura do Exército na chamada "emboscada da Rua João Moura", mas não se refere a carros da Folha na cena, assim como também não apresenta os nomes reais das pessoas envolvidas. É uma narrativa sobre a ALN, descompromissada com detalhes reveladores sobre empresas e empresários colaboradores do regime. Em entrevista para o documentário "El Pueblo que Falta" (2015), de Arthur Moura e André Queiroz, Clemente foi contundente em relação a esse assunto: "Seu Frias emprestava os carros da Folha de S.Paulo para fazer emboscada contra companheiros da luta armada, transportou companheiros presos dentro desses carros da Folha, deu um jornal direto na mão do DOI-CODI. A Folha da Tarde foi dada: tá aqui"[223].

TRABALHADORES PRESOS, PERSEGUIDOS OU DEMITIDOS ILEGALMENTE

A jornalista Rosemary Nogueira Clauset era integrante da ALN e começou a trabalhar como repórter da Folha da Tarde no período em que o jornal foi comandado por Jorge Miranda Jordão. Foi presa em 4 de novembro de 1969, no mesmo dia da morte de Carlos Marighella. Quando foi detida pelos agentes da repressão, estava de licença-maternidade, e seu filho tinha apenas 34 dias de vida. Em dezembro daquele ano, ela foi demitida por "abandono de emprego" enquanto estava encarcerada e, legalmente, em licença-maternidade. Em depoimento dado à nossa equipe, a jornalista destaca sua indignação ao descobrir, posteriormente, o que tinha acontecido:

---

223. Entrevista de Carlos Eugênio Paz, o Clemente, no documentário "El Pueblo que Falta" (2015), de Arthur Moura e André Queiroz.

> Quando eu fui buscar a minha ficha lá na Folha, porque já estava na hora de pedir aposentadoria e tudo isso, o que eu vejo lá na minha ficha, escrito à mão do lado: "Abandono de emprego". Como abandono de emprego se eu estava em licença-maternidade e depois presa? Foi uma das maiores dores da minha vida, ver que a Folha me deu abandono de emprego enquanto eu estava presa! Quem preso vai trabalhar no jornal? Quem, na licença-maternidade, vai? Eu estava com as duas coisas: licença-maternidade e prisão. Aí me deram abandono de emprego. Eu senti, assim, como uma punição, mais uma coisa daquelas de perseguição, foi assim que eu me senti.
>
> O pior de tudo é escrever, oficializar um abandono de emprego quando eu estava na mão do Estado, presa, machucada, recém parida, como eles diziam. Isso me doeu muito, porque na Folha da Tarde eu pude fazer ótimas matérias. Eu sabia que o jornal estava desmontado, que estava dominado mais pela direita, tudo bem, mas jamais poderia imaginar que a Folha fizesse isso. Para quê? E estava escrito à mão; talvez tenha sido alguém lá para me punir: "Vamos puni-la, a subversiva". Acho que era isso, eu não sei. Mas foi uma coisa muito triste para mim, e é até hoje. A Folha, com isso, me machucou muito, muito, muito. Não precisava me punir a mais do que eu já estava sendo punida. Isso me deixa muito triste, porque eu era funcionária e eu acho que alguém da Folha poderia ter ido lá, a duas quadras. A Folha fica a duas quadras do DOPS. Alguém poderia ter ido lá saber se era verdade. Procurar saber. Não, eles me ignoraram e publicaram o que a polícia mandava[224].

A jornalista contou também que a Folha adulterou sua ficha cadastral para dar ares de legalidade à sua demissão:

---

224. Rose Nogueira, entrevista à equipe em 29 de maio de 2022.

> A Folha fez o seguinte: falseou a data do nascimento do meu filho. Meu filho nasceu em 30 de setembro de 1969, no Hospital 9 de Julho, na Rua Peixoto Gomide. Eu fiquei internada 24 dias porque tive um grande movimento de bexiga no parto. Eu trabalhei até um dia antes dele nascer. E aqui a Folha escreve que meu filho nasceu em 9 de agosto. Meu filho nasceu em 30 de setembro. Para quê [o falseamento]? Para me dar o abandono de emprego no começo de dezembro[225].

A história tem, ainda, outros detalhes perversos: o jornal Folha da Tarde, veículo no qual Rose Nogueira atuava como repórter, publicou, em 6 de novembro de 1969, a primeira referência à sua prisão e à de seu marido, o também repórter Luiz Roberto Clauset, em matéria intitulada "Contra a subversão, polícia arma jogo da paciência"[226]. Além do casal, foi implicado como "subversivo" outro jornalista da FT: José Maria Domingues dos Santos. Vale destacar que, nesse mesmo dia, em 6 de novembro de 1969, a Folha de S.Paulo também noticiou a prisão da jornalista pela Oban[227].

Em 5 de dezembro de 1969 — um mês após a prisão de Rose, portanto —, o jornal voltou a citá-la, apresentando tanto ela quanto seu marido como membros da ALN próximos a Marighella. A informação saiu na matéria intitulada "Terror: prisão preventiva para jornalista implicado", que narra ainda o caso do encarceramento de outro funcionário da Folha, o fotógrafo Carlos Guilherme de Mendonça

---

225. Rose Nogueira: A ficha (verdadeira) da Folha. *Viomundo*, 26 de outubro de 2010. Disponível em: **https://www.viomundo.com.br/radio/rose-nogueira-a-ficha-verdadeira-da-folha.html**. Acesso em: 14 de abril de 2023.

226. Contra a subversão, Polícia arma o "jogo da paciência". *Folha da Tarde*, n. 4.737, p. 8, 6 de novembro de 1969.

227. Como a Operação Bandeirante chegou a Marighela. *Folha de S.Paulo,* ano XLIX, n. 14.753, p. 13, 6 de novembro de 1969.

Penafiel[228]. Ele era militante da ALN e ajudava na produção de passaportes falsificados para aqueles que precisavam fugir do país. Neste sentido, vale sublinhar que, além de enquadrar deliberadamente seus funcionários como "terroristas", o Grupo Folha parecia ter claro conhecimento do caráter político das prisões de todos eles.

Outro detalhe que merece destaque: a data da demissão que consta na ficha funcional de Rose Nogueira é 9 de dezembro de 1969. Essa data é marcante para a jornalista. Foi o dia em que o delegado Fleury ameaçou matá-la, porque não teria como mantê-la no cárcere nas condições em que ela se encontrava, debilitada pelo parto recente e pelas constantes torturas. Em seu depoimento para Pilagallo (2005), Rose suspeita dessa coincidência. Sua conclusão é que, provavelmente, alguém na Folha sabia da ameaça de Fleury e achou que ela seria de fato assassinada.

Situação semelhante foi a de Sérgio Gomes da Silva, jornalista da Agência Folhas e integrante do PCB. Ele ficou preso entre 5 de outubro de 1975 e 5 de abril de 1976. Enquanto estava encarcerado, em janeiro de 1976, foi demitido pelo mesmo motivo de Rose Nogueira: "abandono de emprego". Depois de solto, o jornalista conseguiu reverter a situação e voltar à redação, mas foi perseguido inúmeras vezes por dirigentes da empresa, que queriam que ele deixasse definitivamente o cargo. Em depoimento dado à nossa equipe, o jornalista conta detalhes da sua rotina de trabalho naquele período:

> Eu me apresento, o Luiz Carlos [Rocha] é o chefe da redação, é o cara que manda, delegado de polícia, ele me deixa lá sentado. Eu cheguei às duas horas da tarde, que era na hora da entrada, e fiquei até as sete, que era a jornada de cinco horas. Sete horas, ninguém me deu pauta, fui embora para

---

228. Terror: prisão preventiva de jornalista implicado. *Folha da Tarde*, n. 4.761, p. 8, 5 de dezembro de 1969.

casa. No dia seguinte, a mesma coisa. E assim foi durante um mês. Durante um mês, eu chegava, sentava, ficava lá no banco do reportariado. Ou seja, foi um chá de cadeira humilhante. Uma vez por semana eu era chamado pelo cara que dirigia o departamento pessoal da Folha, chamado Piason[229]. Esse Piason dizia: "Peça demissão". Eu dizia: "Mas por que eu vou pedir demissão? Eu quero trabalhar!". Eu fui submetido a constrangimento durante um mês, quando saí da prisão. Durante um mês eu fiquei ali me oferecendo como repórter que era e não me davam pauta[230].

Sérgio Gomes comenta que, após praticamente 30 dias, foi feito uma espécie de acordo para que ele voltasse a trabalhar na redação, na condição de que não cobrisse a área de política: "E voltei a trabalhar nas coisas mais banais que você pode imaginar: exposição de orquídeas de japoneses na Liberdade, só pauta vagabunda". Sérgio Gomes afirma que até hoje a Folha lhe deve os salários do período em que esteve encarcerado, na condição de preso político, uma vez que, para a empresa, o jornalista teria abandonado o emprego. Em seu depoimento dá detalhes sobre esta questão, além de comentar certo descaso que sofreu durante a prisão:

> No livro de registro da Folha de S.Paulo, onde tem a foto e tal e tem anotação de tudo o que tem na carteira de trabalho do trabalhador, tem lá no livro de registros de funcionários da empresa que em janeiro de 1976 — fui preso em outubro!

---

229. Piason era chefe do Departamento Pessoal do Grupo Folha, uma figura reconhecida como fiel aos interesses dos dirigentes da empresa e ligado à repressão. De acordo com Rubens Glasberg, em entrevista para esta pesquisa em 26 de julho de 2023, "esse sujeito fazia ali toda a mutreta em de pessoal".

230. Sérgio Gomes, entrevista à equipe em 18 de fevereiro de 2022.

Novembro, dezembro... Em janeiro de 1976, que é quando estão matando o Manoel Fiel Filho, eu estava, no livro da Folha de S.Paulo, demitido por abandono de emprego.

Como eu poderia ser demitido por abandono de emprego se eu estava preso? Nesses 90 dias, algum advogado da Folha de S.Paulo me visitou? Não. Nesses 90 dias, a Folha de S.Paulo recebeu meu pai e minha mãe? Não. Nesses 90 dias, a Folha de S.Paulo deu algum telefonema para casa? Não. Portanto, a Folha cagou e andou para mim, certa de que eu seria mais um nessa leva toda, o que era normal de acontecer.

[...] Quando eu saí, seis meses depois, nunca recebi por esses seis meses, esses seis meses é como se eu não existisse. Eu não recebi nem auxílio reclusão nem salário da Folha de S.Paulo e esse tempo não contou para efeito de minha aposentadoria nem nada. Faz de conta que eu fiquei no limbo durante seis meses. Quando eu saio, em abril, eu volto a trabalhar. Lembra que eu contei que semana sim, semana sim, eu era chamado pelo Piason para pedir demissão? Enquanto o delegado de polícia me mantinha nesse banco, levando chá de cadeira, para que eu me irritasse e fizesse qualquer coisa para que eu pudesse ser demitido por justa causa.

Eu resolvi engolir porque percebi que a correlação de forças não era favorável e meu propósito era voltar a trabalhar. Porque a essa altura eu precisava pelo menos pagar um advogado. A única coisa que eu tinha era um Fusca, que eu vendi por 22 mil cruzeiros para pagar o advogado Mário Simas. Então, durante anos eu andei a pé. Esse Piason queria que eu pedisse demissão certamente para dar sustentação a esse negócio de abandono de emprego. Ou seja, tinha uma encrenca qualquer lá deles, mas o fato é que nessa folha está escrito "abandono de emprego, 5 de janeiro de 1976", e depois está à mão, dizendo "anulado"[231].

---

231. Sérgio Gomes, entrevista à equipe em 18 de fevereiro de 2022.

O livro de registro em que o jornalista consultou estas informações foi obtido por seus advogados quando entraram com processo na Comissão de Anistia, pedido que foi posteriormente indeferido. O requerimento afirma que o jornalista passou por "situação vexatória, humilhante e claramente punitiva", sendo constantemente constrangido e ameaçado por seus superiores da Folha de S.Paulo, sofrendo evidente situação de "assédio moral" e "perseguição política que comprometeu seriamente sua carreira profissional"[232].

O motorista da Folha Sebastião Ferreira da Silva, conhecido como "Ferreirinha", confirmou que alguns jornalistas da Folha "foram muito perseguidos" e que o tratamento que Sérgio Gomes teve por parte da empresa após sua prisão, assim como muitos de seus colegas de profissão, foi "injusto":

> Chegavam lá e ficavam lá sentados sem fazer nada. Não deixavam eles trabalharem. Então, eles ficavam lá a vida inteira sentados, sem fazer nada. Acho que foi [injusta]. No tempo dele, acho que foi, porque quando ele saiu da prisão, o emprego dele tinha que estar lá à disposição dele, né? Isso daí, pra mim, não pode, tinha que ter recuperado o emprego dele. Imagina você ter um emprego e depois perder porque você foi preso injustamente. Muita gente foi presa injustamente na época[233].

O jornalista Oswaldo Luiz "Colibri" Vitta, que também trabalhava no Grupo Folha, conta que após o sumiço de Sérgio Gomes foi direto à "fonte" — os policiais que atuavam na Folha da Tarde — para ter notícias sobre o paradeiro de seu colega. A prisão lhe foi comunicada com descaso e indiferença:

---

232. Sérgio Gomes da Silva. Requerimento de Anistia de nº 2006.01.54641.

233. Sebastião Ferreira da Silva ("Ferreirinha"), entrevista à equipe em 18 de fevereiro de 2022.

> Eu me lembro de ter visto uma lista, não tenho certeza se ela estava publicada, sinceramente não sei. Sei que o cara olhou e falou: "É o Sérgio Gomes da Silva? Lá da agência? Sim, está preso". [...] Foi com uma certa indiferença, algo assim: "Ah, foi preso, e daí?". [...] Eu acho que o pessoal da Folha da Tarde reagia com indiferença porque **eram todos ligados à repressão**, à direita principalmente, tanto é que o diretor lá, o Aggio, depois foi trabalhar com Romeu Tuma. Isso deixa claro a relação que eles tinham com a repressão, com os delegados e tudo o mais. **(...) Tinha gente lá dentro que trabalhava para dar informações à repressão**. Então, essas figuras ficavam ali em pontos estratégicos[234].

Colibri confirma a história de que, quando Sérgio Gomes tentou voltar ao seu posto de trabalho, "deram uma gelada" nele, como se o tivessem "condenando, a priori", já que o jornalista queria voltar a trabalhar e não conseguia. Esse episódio mostra o tipo de relação de trabalho que a empresa poderia estabelecer com certos funcionários durante o período da ditadura:

> Porque essa turma da agência era um pessoal meio complicado. O editor, o coordenador da agência, era um delegado, o Luís Carlos. Vai saber qual era a orientação, se ele pensava: "Não dá nada para esse cara aí não, porque ele é comunista". Vai saber as bobagens que eles pensavam. Mas, depois, ele voltou a trabalhar. [...]
>
> O clima da agência não era bom. [...] Complicado isso, porque você via que o cara estava sentado ali e ninguém dava trabalho para o cara. Uma situação bem triste, trabalhista. Mas eu acho que era uma orientação do Luís Carlos, que falava para não passar nada para ele, para dar uma gelada nele, ou sei lá qual era a expressão que chamava isso, botar o cara na geladeira[235].

---

234. Oswaldo Luiz "Colibri" Vitta, entrevista à equipe em 27 de maio de 2022.

235. Oswaldo Luiz "Colibri" Vitta, entrevista à equipe em 27 de maio de 2022.

Destaca-se, também, que os jornais do Grupo Folha fizeram várias referências a Sérgio Gomes durante o período em que ele esteve encarcerado, publicando informações sobre a situação do jornalista. No dia 14 de outubro de 1975, a Folha de S.Paulo publicou a nota "ABI apela contra prisão e censura", afirmando que a Associação Brasileira de Imprensa teria enviado mensagem ao comandante do II Exército, general Ednardo d'Ávilla Mello, pedindo sua intervenção em favor do jornalista Sérgio Gomes, que se encontrava "detido à disposição daquele comando"[236]. A Folha da Tarde, por sua vez, citou a prisão no dia 30 de outubro de 1975, em texto intitulado "Jornalista depõe no II Exército", descrevendo que Sérgio Gomes da Silva e José Vidal Pola Galé, ambos repórteres da Agência Folhas, "continuam presos por estarem prestando esclarecimentos por atividades subversivas junto ao Partido Comunista Brasileiro"[237]. Nova menção a respeito da situação de encarceramento de ambos foi publicada em 4 de novembro de 1975 sob o título "Jornalistas libertados e jornalistas transferidos". No texto, lê-se que os dois se encontram sob a custódia do DEOPS de São Paulo[238].

A prisão de Sérgio Gomes ainda é citada em notas publicadas na Folha de S.Paulo nos dias 21, 28, 29 e 31 de outubro e em 4 e 6 de novembro de 1975. Isso denota, mais uma vez, o claro conhecimento da empresa da condição de encarceramento político de seu

---

236. ABI apela contra prisões e censuras. *Folha de S.Paulo,* ano LV, n. 17.014, p. 4, 14 de outubro de 1975. A prisão do jornalista ainda é citada em notas publicadas pela Folha de S.Paulo nos dias 21, 28, 29 e 31 de outubro e em 04 e 06 de novembro de 1975. Isso denota, mais uma vez, o claro conhecimento da empresa da condição de encarceramento político de seu funcionário.

237. Jornalista depõe no II Exército. *Folha da Tarde*, n. 6.540, p. 3, 30 de outubro de 1975.

238. Jornalistas libertados e jornalistas transferidos. *Folha da Tarde*, n. 6.544, p. 2, 4 de novembro de 1975.

funcionário. Essa questão é particularmente relevante, uma vez que — apesar de a Folha ter readmitido o jornalista, depois de tê-lo demitido ilegalmente — a empresa não pagou o seu salário nem as contribuições relativas ao período de prisão e esse tempo não contou para sua aposentadoria.

José Maria Domingues dos Santos foi outra vítima de perseguição política. O jornalista trabalhava na Folha da Tarde, em 1969, quando foi preso sob a acusação de integrar a ALN. Ele explica que, após sua soltura, apresentou-se ao jornal e tentou reaver seu emprego e garantir seus direitos trabalhistas. Mas foi surpreendido ao descobrir, numa conversa com Antônio Piason, que fora demitido por justa causa. "Eu falei: 'Vou à Justiça do Trabalho', e ele: 'Você não tem condição nenhuma de conseguir alguma coisa na Justiça do Trabalho'. Eu era um pária político"[239], conta. Como se vê, além de perder o emprego quando estava em situação de encarceramento, José Maria Domingues dos Santos foi constrangido pelo chefe do Departamento Pessoal e deixou de receber os proventos devidos. "Na época eu fiquei indignado, porque eu saí, como se fala vulgarmente, com uma mão na frente e outra atrás", lamenta[240].

Em sua ficha funcional é possível visualizar a inscrição, à mão, da expressão "dispensado". Trata-se da mesma letra que registrou na ficha de Rose Nogueira a palavra "abandono". Uma informação importante se refere à data de demissão do jornalista. Sua prisão aconteceu em 4 de novembro de 1969, após ter trabalhado normalmente no jornal. O Grupo Folha, para não configurar vínculo funcional na ocasião do encarceramento, colocou o dia anterior como data da sua desvinculação da empresa: 3 de novembro de 1969. Reitera-se, ainda, que, assim como outros colegas, José Maria Domingues dos

239. José Maria Domingues dos Santos, entrevista à equipe 25 de janeiro de 2023.

240. José Maria Domingues dos Santos, entrevista à equipe 25 de janeiro de 2023.

Santos teve sua prisão narrada nas páginas da Folha da Tarde em 6 de novembro de 1969[241].

Outro caso que chama atenção é o de José Vidal Pola Galé, jornalista da Agência Folhas e membro do PCB. Ele foi detido por dois agentes da repressão na portaria do prédio do Grupo Folha, na Alameda Barão de Limeira, em outubro de 1975 e ficou preso no DOI-CODI e no DEOPS-SP até novembro daquele ano. Em depoimento à equipe, ele conta o fato em detalhes:

> Num determinado dia, eu estava lá trabalhando e tocou a portaria me chamando e dizendo que uma amiga minha não estava conseguindo estacionar, se eu podia descer. Nesse dia, realmente, eu tinha marcado com uma amiga que estava querendo conversar comigo, então pensei que devia ser ela. Desci e fui até a porta. No que eu cheguei na porta, olhei para o lado e, no que eu olho para o lado direito, tinha uma Veraneio laranja, que era o carro usado pelo DOI-CODI.
>
> Quando eu vi aquilo já virei, no que eu virei já tinha dois caras armados. Dois caras enormes me seguraram. Falei: "Deixa eu pegar os documentos" — porque eu tinha descido sem nada, deixei o paletó lá na cadeira. Mas pegaram e me jogaram dentro do carro, me algemaram, me enrolaram a cara, ficaram um tempão rodando até me levar lá onde era o DOI-CODI, ali na Tutóia[242].

O jornalista afirma que foi detido ainda dentro do edifício da Folha: "Eu nem cheguei a pisar na calçada, mas já tinham duas pessoas dentro do prédio que não me deixaram voltar, me impediram". Segundo ele, os funcionários da empresa que ligaram, pedindo

---

241. Contra a subversão, Polícia arma o "jogo da paciência". *Folha da Tarde*, n. 4.737, p. 8, 6 de novembro de 1969.

242. José Vidal Pola Galé, entrevista à equipe em 27 de maio de 2022.

para que descesse à portaria, deveriam saber que seria preso naquele momento: "Provavelmente quem pediu para ligar foram esses caras do DOI-CODI. Foram eles que armaram para eu descer e ser preso ali"[243]. Galé confirma que a presença dos agentes da repressão dentro da empresa era algo normal e de conhecimento de todos:

> O que tinha ali eram pessoas ligadas ao pessoal [da repressão]. Mas eles não eram clandestinos. Eles eram aquilo mesmo (...) não eram pessoas escondidas ali para tentar pegar. Não, era abertamente isso. (...) Naqueles tempos, na verdade, você sempre tinha medo de falar alguma coisa, porque sempre era possível ter alguém infiltrado. Esse cuidado a gente tinha, todos tinham, de saber até onde você podia falar.
>
> Agora, o que isso significa para a Folha? É, eles tinham relação, eles não queriam comprometer esse bom relacionamento. Então, eles procuravam prestar esses serviços em troca de favores, para facilitar os negócios[244].

É importante sublinhar que funcionários do Grupo Folha, tendo participado ou não da ação, testemunharam a prisão de Galé. Houve, portanto, pessoas dentro da empresa que tiveram ciência de que um de seus jornalistas fora detido por agentes da ditadura ainda nas suas dependências. "Sim, porque foi na portaria. Tinha o portão principal e tinha um balcãozinho onde ficava o porteiro com os telefones. Eu estava de costas, mas eles me viram, evidente", conta[245].

Neste ponto, o depoimento de Oswaldo Luiz "Colibri" Vitta, que à época era jornalista do Grupo Folha e amigo de Galé, ajuda a entender melhor o caso:

---

243. José Vidal Pola Galé, entrevista à equipe em 27 de maio de 2022.

244. José Vidal Pola Galé, entrevista à equipe em 27 de maio de 2022.

245. José Vidal Pola Galé, entrevista à equipe em 27 de maio de 2022.

> Quando cheguei na porta da Folha, da agência mesmo, não tinha o Galé, eu fui até o bar e ele não estava lá. Aí eu voltei para o saguão e perguntei: "Vocês viram o Galé aí? Preciso entregar isso aqui para ele [seu casaco], porque daqui a pouco eu vou embora, já escrevi a minha matéria e tal". Aí, um cara do saguão falou: "Uma C-14 (que é uma expressão, né?) passou e levou ele". Falei: "Como? Que história é essa?" "É isso mesmo, a C-14 passou e levou". Falei: "Mas aqui dentro?". Ele falou: "Aqui na porta". (...) Fiquei assim, boquiaberto, porque os caras do saguão sabiam que uma C-14 passou e levou ele. Para o cara descrever assim! Sabe aquela coisa de supetão? Não foi que eu fiquei perguntando muito o que aconteceu, "vou investigar" e tal. Não. O cara falou assim: "Passou a C14 e levou ele". (...) Negócio maluco, né? Só não foi dentro da redação, mas foi no saguão[246].

O jornalista relata, ainda, que, para além da ciência dos funcionários da portaria, a redação mantinha listas atualizadas dos presos políticos, que posteriormente eram utilizadas para a publicação de notícias e comunicados. Isso confirma, uma vez mais, a cumplicidade e a proximidade que a empresa mantinha com os órgãos de repressão, além do claro conhecimento da situação de encarceramento de seus funcionários:

> Depois, a gente ficou sabendo pelas fontes lá, pela própria Folha da Tarde. Descemos lá e perguntamos: "Confirma aí se o Galé foi preso?". Aí tinha a lista. E a [prisão] do Galé parece que saiu no jornal, foi publicada. Isso é mais louco ainda. Às vezes, tinham listas a que a gente tinha acesso, sempre na Folha da Tarde, eles é que tinham essa informação. Você não precisava ligar para alguém oficial, o II

---

246. Oswaldo Luiz "Colibri" Vitta, entrevista à equipe em 27 de maio de 2022.

Exército, os caras nem iam atender a gente. Você perguntava ao jornalista policial da Folha da Tarde que ele sabia, tinha a lista, publicava eventualmente a lista. (...) Era uma fonte de informação — absurdo, né? — dentro do jornal (...). Eles olhavam a lista e falavam: "José Vidal Pola Galé está aqui, foi preso"[247].

É por isso que, para Colibri, parecia evidente que a direção da empresa tinha ciência de que seus funcionários se encontravam presos, não podendo alegar desconhecimento:

> Porque era dentro da empresa deles. Alguém comunicava "aconteceu isso". (...) Eu acho que eles sabiam, claro. Como você vai permitir, dentro da sua empresa, um cara que trabalha lá que você sabe que é um agente da repressão? (..) Agora, o editor, o diretor do jornal, claro que sabiam também, e comunicavam: "Olha, pegaram o cara aqui dentro, pegaram aqui no saguão, ele estava saindo e levaram o cara"[248].

A Folha de S.Paulo publicou, em 25 de outubro de 1975, a matéria "Presos ontem mais três jornalistas", afirmando que José Vidal Pola Galé, repórter da Agência Folhas, teria sido detido no dia anterior por dois homens que se apresentaram como agentes dos órgãos de segurança: "Quando deixava o jornal para uma reportagem esportiva, José Vidal Galé foi colocado numa perua C-14 de cor amarela e levado para local ignorado"[249]. No dia 23 de dezembro, conforme

---

247. Oswaldo Luiz "Colibri" Vitta, entrevista à equipe em 27 de maio de 2022.

248. Oswaldo Luiz "Colibri" Vitta, entrevista à equipe em 27 de maio de 2022.

249. Presos ontem mais três jornalistas. *Folha de S.Paulo*, ano LV, n. 17.028, p. 3, 25 de outubro de 1975. A situação de encarceramento do jornalista ainda é noticiada pela Folha de S.Paulo em notas publicadas nos dias 31 de outubro e 4 de novembro de 1975.

já mencionado no segundo capítulo deste livro, a Folha da Tarde estampou a manchete "DOPS arrasa o bando do nazismo vermelho" e apresentou, em três páginas e meia, uma longa lista com a identificação das pessoas arroladas no inquérito policial sobre as atividades do PCB. Nessa lista constava os nomes de José Vidal Pola Galé e Sérgio Gomes[250] e suas informações pessoais, como filiação, data de nascimento, estado civil e endereço residencial.

Registramos também outro caso em que as dependências do Grupo Folha teriam sido ocupadas por agentes da repressão para realizar a prisão de um jornalista, narrado por Campos Jr. et al. (2002) no livro sobre a história do Notícias Populares. Os autores contam que Rui Falcão, então repórter de esportes do NP e militante da VAR-Palmares, teria sido procurado por agentes do DEOPS no prédio do jornal, na Alameda Barão de Limeira. Os policiais chegaram a vasculhar a redação em sua procura. "O caso ilustra que a insuportável pressão policial da época afetava as pessoas que faziam o jornal" (Campos Jr. et al., 2002, p. 90).

Nossa equipe procurou Rui Falcão, que confirmou a história:

> Eu trabalhava e militava. Só que, em 1969, eu estava trabalhando, cheguei no trabalho, encostei meu carro atrás de uma C-14, que era um dos carros que eles [os agentes da repressão] usavam na época, um colega fez sinal, eu fui falar com ele e ele disse: "A polícia está aí te procurando". Eu nem voltei para pegar o carro. (...) A gente tinha a carteirinha de jornalista, eu estacionava na frente do prédio e botava a carteirinha ali para não ser multado. Eles estavam na minha frente, eu me lembro porque eu estacionei sem problemas. Foi aí que me chamaram: "Ó, eles estão aí, estão te procurando". (...) Me

---

250. DOPS desmascara a infiltração comunista. *Folha da Tarde*, n. 6.585, p. 1, 10-11, 15 e 20, 23 de dezembro de 1975.

> contaram depois que o Jean Mellé — porque a polícia entrou lá na redação para ver e tal — falou assim: "Como é possível o Rui Falcão ser terrorista? Fica lá no canto dele, quietinho"[251].

Renato Leone Mohor atuou como repórter especial da Folha da Tarde a partir de outubro de 1967. Conforme consta em seu relato apensado ao requerimento de anistia no Ministério da Justiça, ele teve uma militância ativa nas manifestações políticas dos jornalistas profissionais e contra a censura à imprensa instalada pela ditadura militar. Por essa razão, afirma que passou "a sofrer perseguições pelos órgãos de repressão do regime militar principalmente dos chamados 'arapongas', pessoas que prestavam serviços de delator que se instalaram nos órgãos de divulgação"[252]. Foi preso em sua casa no dia 15 de dezembro de 1972 e permaneceu 63 dias incomunicável no DOI-CODI, em São Paulo.

O Grupo Folha atesta[253] que Renato Leone Mohor trabalhou na empresa até 12 de outubro de 1971. O jornalista, no entanto, assegura que atuou por um período mais longo, até 1972[254]. Há neste caso, portanto, duas questões que merecem ser destacadas. A primeira diz respeito à sua denúncia de perseguição no seu local de trabalho e ao monitoramento de suas atividades profissionais. A segunda se refere ao período em que o jornalista afirma ter trabalhado no jornal, apesar de o Grupo Folha ter dado baixa anteriormente em sua ficha funcional.

---

251. Rui Falcão, entrevista à equipe em 27 de outubro de 2023.

252. COMISSÃO DE ANISTIA. Renato Leone Mohor. Requerimento de Anistia, n° 2001.02.00788, 2001.

253. Informação obtida por meio da ficha funcional de Renato Leone Mohor no Grupo Folha.

254. COMISSÃO DE ANISTIA. Renato Leone Mohor. Requerimento de Anistia, n° 2001.02.00788, 2001.

Josail Gabriel de Sales começou a trabalhar na Folha da Tarde em setembro de 1971, primeiro como repórter e, depois, como editor-assistente de Economia. Segundo seu requerimento de anistia encaminhado ao Ministério da Justiça, o jornalista era filiado ao PCB desde meados de 1965. Com a intensificação das ações de repressão, forneceu guarida em seu apartamento para militantes da ALN e do Movimento de Libertação Popular (Molipo), como Athos Pereira da Silva, Hamilton Pereira da Silva, Edmilson de Souza Lima e João Henrique Ferreira de Carvalho. Em 15 de dezembro de 1972 foi detido e encaminhado ao DOI-CODI, em São Paulo.

Segundo o requerimento de anistia de Josail Gabriel de Sales, ao ser preso ele foi imediatamente desligado do Grupo Folha, constando como data da sua demissão o dia exato da prisão[255]. A referida informação consta na ficha funcional do jornalista. Nela está escrita à mão a palavra "demissão", com letra similar àquelas encontradas nas fichas de Rose Nogueira e José Maria Domingues dos Santos. Ainda de acordo com o requerimento, ele foi "sumariamente demitido" pelo Grupo Folha "por exclusiva motivação política".

A jornalista Vilma Amaro pertencia ao Partido Operário Revolucionário (POR). Trabalhou no jornal Ultima Hora e colaborou com a Folha Ilustrada. Atuou na empresa entre 16 de setembro de 1968 e 30 de outubro de 1969. Designada para fazer a cobertura jornalística do congresso da União Nacional dos Estudantes em Ibiúna, foi presa pela primeira vez pelo DEOPS em 12 de outubro de 1968. No ano seguinte, em 24 de outubro, foi presa novamente.

Em 1969, Vilma Amaro ficou detida por 15 dias. Durante esse período, o Grupo Folha, a exemplo dos casos anteriores, demitiu a jornalista enquanto ela estava presa "em caráter incomunicável",

---

255. COMISSÃO DE ANISTIA. Josail Gabriel de Sales. Requerimento de Anistia, nº 2006.01.54669, 2006.

confirmando o padrão de tratamento da empresa com os funcionários que se encontravam encarcerados por motivações políticas. Segundo ela, "após a demissão do Grupo Folha, durante mais de um ano não consegui exercer minha atividade, pois todos os pedidos de emprego eram negados, possivelmente por existir uma 'lista negra'"[256].

Em entrevista para nossa pesquisa, Vilma Amaro conta que, no DOPS, foi interrogada por um delegado chamado Quass, que também trabalhava na Folha: "Ele ficou perguntando do congresso estudantil. Foi, assim, um interrogatório muito violento, mas não fui torturada. Era só 'comunista, vagabunda', aquelas coisas de que chamavam a gente. Depois de solta, cheguei para trabalhar e me avisaram: 'Você está demitida'. Foi quando me falaram que o Frias até nem queria me demitir, mas o DOPS exigiu a minha demissão"[257].

VIOLAÇÃO DAS LEIS TRABALHISTAS E PRECARIZAÇÃO DAS CONDIÇÕES DE TRABALHO

Gostaríamos de relatar, além dos casos já citados de perseguições de ordem política, uma série de indicações de violações das leis trabalhistas e de precarização das condições de trabalho nas empresas do Grupo Folha durante o período da ditadura militar. Já em 8 de maio de 1966, ainda antes da oficialização da compra da Ultima Hora e do Notícias Populares, o Sindicato dos Jornalistas Profissionais no Estado de São Paulo reclamou de a Folha estar formando um pool de imprensa, com consequência nefasta para o mercado de trabalho. Octavio Frias respondeu que a acusação tinha jeito de "coisa orientada

---

256. COMISSÃO DE ANISTIA. Vilma Amaro. Requerimento de Anistia, nº 2006.01.54878, 2006.

257. Vilma Amaro, entrevista à equipe em 20 de dezembro de 2023.

de fora". No dia seguinte, José Maria Cabral, secretário do sindicato, lembrou, em entrevista ao jornal O Estado de S. Paulo, que faziam parte da diretoria da entidade vários antigos funcionários do Grupo Folha: o presidente, o próprio secretário, o diretor de assistência social, membros do conselho e alguns suplentes. "Vê-se que a defesa da categoria está partindo de dentro das redações do Sr. Frias e não de fora", afirmou[258].

Em 3 de agosto de 1967, em assembleia, o sindicato decidiu oficializar no Ministério do Trabalho as denúncias de infrações à legislação trabalhista cometidas pelos jornais Folha de S.Paulo, Notícias Populares e Ultima Hora. A principal acusação dizia respeito à complementação da aposentadoria dos funcionários. O Grupo Folha estava excluindo esse direito dos jornalistas que tinham um segundo emprego, procedimento que iria contra — segundo o chefe do departamento jurídico da entidade, Rivadavia Mendonça — os últimos decretos do então presidente Castello Branco, segundo os quais nenhuma restrição funcional ou salarial poderia pesar sobre os aposentados. Nesse mesmo dia, o sindicato resolveu também ingressar com uma ação na Justiça do Trabalho por causa da situação dos revisores de prova. Contratados para trabalhar em apenas um jornal, passaram a ter que revisar não só os três jornais do grupo, mas outros que eventualmente eram impressos nas oficinas da empresa[259].

Em 15 de novembro de 1968, o Sindicato dos Jornalistas denunciou, mais uma vez, casos de descumprimento das leis trabalhistas e de abuso patronal no Grupo Folha. A entidade mandou publicar, na Seção Livre de O Estado de S. Paulo, uma nota na qual afirmava

---

258. Jornalista rebate acusação. *O Estado de S. Paulo*, ano 87, n. 27.931, p. 13, 10 de maio de 1966.

259. Sindicato denuncia jornais. *O Estado de S. Paulo*, ano 88, n. 28.315, p. 11, 4 de agosto de 1967.

que as empresas de Frias e Caldeira não forneciam a alguns funcionários o atestado necessário para seu registro profissional. Além disso, ameaçavam demiti-los caso recorressem à Delegacia Regional do Trabalho para a regularização de sua situação[260].

O sindicato enviou, em abril de 1969, uma denúncia/ofício à Delegacia Regional do Trabalho solicitando a instauração de um processo administrativo de "fiscalização e punição" contra o Grupo Folha. De acordo com a entidade, o grupo vinha descumprindo diversos dispositivos da lei trabalhista e cometendo "inúmeros e flagrantes abusos", como falta de registro profissional dos trabalhadores; pagamento salarial inferior ao mínimo normativo; redução de décimo terceiro e férias; contribuição fraudulenta ao INPS; imposição de trabalho extra contra a vontade dos profissionais; demissão de dirigente sindical sem respeitar a estabilidade especial do mandato; e demissão em massa de funcionários estáveis, com indenização abaixo do nível legal[261].

Essas denúncias, que encontramos no material publicado na imprensa, chamaram nossa atenção e nos levaram a entrar em contato com a direção do Sindicato dos Jornalistas Profissionais no Estado de São Paulo, que abriu seus arquivos para nossa pesquisa. Entre outros documentos, tivemos acesso às atas das reuniões do conselho da entidade. Nesse precioso material estão registrados inúmeros casos de violações aos direitos e desrespeito à legislação trabalhista que ocorreram nas empresas do Grupo Folha, em diferentes momentos da ditadura militar.

---

260. Sindicato dos Jornalistas Profissionais no Estado de São Paulo. Seção Livre, *O Estado de S. Paulo*, ano 89, n. 28.713, p. 23, 15 de novembro de 1968.

261. Sindicato dos Jornalistas denuncia o 'Grupo Folhas'. Seção Livre, *O Estado de S. Paulo*, ano 90, n. 28.829, p. 15, 3 de abril de 1969.

Em abril de 1969, por exemplo, os livros do sindicato registram uma importante controvérsia. A ata da reunião da diretoria realizada no dia 22 de abril reproduziu a ata de uma outra reunião, realizada dias antes (14 de abril), a pedido do sindicato, na sede da Delegacia Regional do Trabalho de São Paulo (DRT), entre representantes da entidade e advogados do Grupo Folha[262]. Segundo a ata, os advogados iniciaram a reunião apontando que as denúncias apresentadas pelo sindicato ao requerer o encontro não individualizavam condutas nem apresentavam os profissionais atingidos, de modo que não havia o que ser feito. O representante do sindicato, então, respondeu:

> Quanto ao que é arguido, parece que à guisa de preliminares tem a dizer em face da pergunta quais são as empresas realmente requeridas, são todas as que compõem o Grupo Folhas e aquelas a esse grupo unidas por ação empresarial, como a Fundação Cásper Líbero e a empresa Televisão Excelsior Canal 9. Quanto à alegação de que o pedido é genérico, no que respeita aos profissionais prejudicados, responde o Sindicato que na verdade deixou genérico os nomes porque eles serão fornecidos à Fiscalização da Delegacia Regional para que assim se evite possíveis perseguições, como já se constataram em épocas anteriores [...]. No que diz respeito à questão de mérito, quando se alega não se ter arguido fato concreto, tem-se a considerar que o presente processo instaurado é de cunho administrativo, visa a apurar situações existentes e cabíveis numa ampla fiscalização prevista em lei. Deste modo, o Sindicato requerente tem a dizer que em vista do alegado pelas empresas requeridas, que se mostram

262. Livro de Atas das Reuniões Ordinárias e Extraordinárias da Diretoria do Sindicato dos Jornalistas Profissionais no Estado de São Paulo — De 19/10/65 a 24/03/70, p. 141-144.

> incapazes de dar uma solução esclarecedora e satisfatória aos diversos problemas arguidos na inicial e existentes no Grupo de empresas requeridas [...], requer [que] seja designada uma Comissão de Fiscalização de todas as empresas componentes do Grupo Folhas e mais as da Fundação Cásper Líbero, todas requeridas na inicial, para que, depois de minucioso serviço de fiscalização, possa a comissão fornecer ao presente processo relatório circunstanciado e proceder as autuações legais compatíveis.

O advogado do sindicato passou a listar, então, quais itens deveriam ser objeto dessa verificação solicitada pela entidade:

> Promover a fiscalização nos períodos da manhã, da tarde, da noite e da madrugada, nos dias úteis, nos feriados e nos domingos; verificar os horários de trabalho e os períodos extraordinários de serviço que estejam sendo cumpridos e, neste caso, se há contratos especiais e extraordinários e se atendem às exigências legais, e no caso de não existir tais contratos expressos apurar a situação das infrações; constatar se o trabalho executado nos domingos e feriados o são mediante contratação especial e prévia autorização da DRT; verificar o sistema de plantões usados nos domingos e feriados, o critério de sua escalação, sua duração, seu salário e compensações; verificar o sistema de dupla forma de pagamento de salários com o pagamento de uma parte na folha de pagamento e com recibo e outra parte por meio de cheque ao portador sem recibo nem comprovantes; verificar em resultado da prática referida, de pagamento partido de salários, a burla no cálculo e recolhimento da contribuição (ex-imposto) sindical nos anos de 1967, 1968 e 1969, bem como a burla no recolhimento das contribuições previdenciárias; verificar o registro de empregados a serem ouvidos desde quando estão a serviço da empresa, constatando a função, salário, horário, domingos e feriados, descontos cabíveis e,

> sendo exercício de função jornalística, a apurar a causa de seus não-registros especiais, não anotação de carteira profissional; verificar quais são os efetivos salários e se estão dentro das normas coletivas dos instrumentos homologados pela Justiça do Trabalho; verificar se estão sendo obedecidas as normas legais para serviços em viagem, com pagamento das horas extraordinárias com acréscimo legal, com ajuda de custo de hospedagem, alimentação, transporte e posterior repouso; verificar se todos os empregados tidos como em experiência e que exerçam funções jornalísticas definidas em lei, estão registrados no registro profissional da DRT e se a empresa forneceu atestado necessário para isto; verificar se o empregado em caráter de experiência (dentro do período permissivo legal) está registrado no livro, na Carteira Profissional, conforme determina a lei; verificar os que prestar (sic) serviço noturno estão recebendo o adicional correspondente; verificar e constatar, para autuar, outras irregularidades que foram apuradas e comprovadas "ex-ofício".

A extensa lista de itens que o sindicato exigia que fossem verificados indica que muitas violações aos direitos dos trabalhadores estavam em curso. É de se reforçar o receio da entidade de apresentar, desde logo, denúncias individualizadas, diante de casos anteriores de represálias por parte da empresa. Pela ata registrada, não é possível identificar os desdobramentos dessa reunião, tampouco se a referida Comissão de Fiscalização da DRT foi efetivamente instalada. É de se notar, ainda, que diante do tempo hábil para a pesquisa, os livros de atas do sindicato não foram explorados e analisados em toda sua extensão, sendo uma fonte de pesquisa que pode apontar para inestimáveis contribuições fáticas para a comprovação de violações aos direitos dos trabalhadores por parte do Grupo Folha no período da ditadura militar. Além disso, o sindicato possui, em seu acervo em guarda externa, as sindicâncias e os processos movidos contra as empresas jornalísticas. Nesses documentos, que a equipe não teve tempo de acessar, certamente constam os nomes e as circunstâncias detalhadas das violações trabalhistas.

Retomando a questão dos direitos, vale mencionar o depoimento de Rubens Glasberg, ex-editor de Política da Folha. Ele conta que muitos funcionários do grupo trabalhavam sem registro de jornalista (na época, uma exigência legal para o exercício da profissão) e que havia uma dívida muito grande do Grupo Folha com o INPS:

> Isso foi judicializado, mas são essas coisas que acontecem no Brasil. Se eu não me engano, a Folha ganhou esse processo porque o governo deixou passar o prazo de recorrer. (...) Obviamente, me parece que esse negócio do governo perder o prazo para recorrer não faz muito sentido, provavelmente era uma coisa ajeitada lá. Mas era isso, o Frias se dava muito bem, o [Paulo] Maluf [prefeito nomeado de São Paulo e governador eleito indiretamente] vivia dentro da redação, eu me lembro[263].

Outro aspecto que merece destaque sobre a política de precarização das relações trabalhistas diz respeito aos motoristas que atuavam na distribuição de jornais do Grupo Folha. A partir de 1980, esses trabalhadores foram convertidos em distribuidores autônomos, remunerados não mais com salários, mas com comissões sobre vendas. Para que tal transação fosse bem-sucedida, a Folha buscou, ainda, que os motoristas comprassem dela os veículos com os quais trabalhavam, de modo a desfazer seus vínculos funcionais com a empresa (Taschner, 1992, p. 178).

Pedro Pinciroli Júnior, que foi responsável pela divisão de Circulação do Grupo Folha, conta detalhes de como isso aconteceu. Segundo ele,

---

263. Rubens Glasberg, entrevista à equipe em 26 de julho de 2023.

certo dia, o grupo foi avisado pelo Sindicato de Transportes que as edições de seus jornais não sairiam às ruas no dia seguinte, porque haveria uma greve dos motoristas. O transtorno foi imenso, mas a direção conseguiu que vários funcionários de confiança continuassem trabalhando e cobriu as ausências com outros não sindicalizados. Como a empresa tinha uma descrição detalhada das rotas de distribuição, foi possível traçar um plano alternativo para a operação. Foi devido a esse episódio que Frias e Caldeira decidiram terceirizar o trabalho dos motoristas.

> No segundo dia da greve, montamos uma banca no pátio de distribuição e propusemos a todos os motoristas abrirem uma empresa própria: daríamos o apoio legal e contábil e financiaríamos os veículos para os interessados. Todos sentiram as vantagens da proposta e a aceitaram. Como resultado, passamos a ter vendedores no lugar de entregadores, desmobilizar o capital investido na frota, baixamos os encalhes de jornais nas bancas e melhoramos os horários (Pinciroli Júnior apud Paschoal, 2006, p. 220).

A terceirização tornava a empresa menos dependente dos profissionais responsáveis pela distribuição dos jornais e diminuía seus custos de produção. Ao mesmo tempo, precarizava as condições dos trabalhadores — que perderam direitos como férias, décimo terceiro e FGTS — e enfraquecia suas formas de luta organizada.

A GREVE DE JORNALISTAS DE 1979

Em 1979, um episódio marcou a perseguição política aos trabalhadores do Grupo Folha: a greve dos jornalistas. Liderada pelo Sindicato dos Jornalistas Profissionais no Estado de São Paulo, a paralisação teve início em 23 de maio, com adesão maciça da categoria. Na assembleia que a deflagrou estavam reunidos 1.692 profissionais, um feito único na história do jornalismo brasileiro (Roxo, 2013).

Nas empresas de Frias e Caldeira a greve teve alto grau de adesão. A redação da Folha praticamente parou, mas a direção garantiu que o jornal continuasse circulando, ainda que de forma precária, com o trabalho de apenas 15 pessoas, sendo que somente sete delas eram jornalistas (Paschoal, 2006, p. 252). Para que não deixasse de circular, o periódico contou com a colaboração dos jornais cariocas O Globo e Jornal do Brasil, que lhe cederam seus noticiários.

No primeiro dia de greve houve piquete em frente ao prédio da Alameda Barão de Limeira. A polícia garantiu que os funcionários administrativos e do setor gráfico entrassem no jornal e não houve maiores problemas. Um dado pitoresco foi a presença do próprio Octavio Frias, que desceu à portaria para ajudar o colunista Tavares de Miranda a entrar no prédio. O empresário conversou com os grevistas e lamentou o fato de não ter sido possível fechar uma negociação (Roxo, 2013, p. 2017).

Na noite daquele mesmo dia a situação ficou mais tensa. Jornalistas tentaram impedir a saída dos caminhões de distribuição dos jornais. Houve reforço do policiamento e envio da tropa de choque. Os grevistas foram agredidos com bombas, cassetetes, socos e pontapés. Cinco jornalistas foram presos e conduzidos ao DEOPS, sendo liberados apenas na manhã seguinte. O confronto entre piqueteiros e policiais perdurou por todos os dias de paralisação. Os jornalistas "fura-greve" usavam uma viatura policial para entrar no prédio da Folha.

Em 28 de maio, o Tribunal Regional do Trabalho declarou o movimento ilegal e, no dia seguinte, os trabalhadores suspenderam a paralisação. No retorno ao trabalho muitos jornalistas foram demitidos, sobretudo nas redações do Grupo Folha. É difícil saber o número exato de profissionais dispensados. Em junho, a Agência Central do SNI solicitou à agência de São Paulo informações acerca da "dispensa de jornalistas por motivo de greve". No mês seguinte, um informe dizia que os proprietários de jornais e emissoras de rádio e televisão passaram a dispensar os líderes ativistas da greve[264]. O SNI apresentou, então, um quadro de 128 jornalistas demitidos. O jornal que teria demitido mais jornalistas seria o Diário do Grande ABC, com 36 demissões. A Folha da Tarde vinha em segundo, com 35. Acontece que também foram demitidos, segundo o documento, quatro jornalistas da Folha de S.Paulo e quatro do Notícias Populares. Somados os jornais pertencentes ao seu conglomerado, o Grupo Folha foi, portanto, o que mais demitiu: 43 jornalistas foram demitidos no total.

O número de grevistas afastados pela empresa, no entanto, teria sido muito maior. Segundo os dados divulgados pelo Sindicato dos Jornalistas Profissionais no Estado de São Paulo, foram dispensados 32 profissionais da Folha de S.Paulo, 21 da Folha da Tarde, sete do Notícias Populares, dois de A Gazeta Esportiva e dois de A Gazeta. Ao todo, o Grupo Folha teria demitido, portanto, 64 jornalistas[265].

Perseu Abramo foi uma das principais lideranças da greve. Sobrinho de Cláudio Abramo, ele trabalhava na Folha desde o início dos anos 1970. Foi editor de Esportes e da Ilustrada, tendo criado no jornal a seção de Educação. Depois da paralisação, o jornalista foi instado a tirar férias, que emendou com uma licença médica. Em seu regresso, em outubro de 1979, foi demitido. Em entrevista ao Projeto de História Oral da Folha, ele fez um balanço da greve:

> A derrota dos empregados foi muito grande e **a retaliação, a repressão que a Folha — todos os jornais, mas a Folha em particular — fez em relação aos seus empregados foi muito grande. Em pouco mais de um mês, demitiu**

---

264. ARQUIVO NACIONAL, Fundo Serviço Nacional de Informações, notação BR_DFANBSB_V8_MIC_GNC_EEE_79001602_d0001de0001.

265. As informações foram publicadas na edição 46 (maio de 1979) do jornal Unidade (Roxo, 2013, p. 239).

> **centenas de trabalhadores nas várias redações da empresa. E na** Folha de S.Paulo, **foram demitidos especialmente aqueles que eram mais combativos**, os que, uns anos antes, tinham criado os chamados Conselhos de Representação da Redação[266], que era uma tentativa de criar uma certa democracia dentro da redação[267].

Vale registrar que a perseguição aos jornalistas sindicalizados foi, no Grupo Folha, anterior à deflagração da greve, em 1979. Já em 8 de agosto do ano anterior, em sua publicação periódica, o Sindicato dos Jornalistas denunciou que a direção da Agência Folhas vinha tomando "uma série de medidas arbitrárias visando desarticular o movimento reivindicatório dos jornalistas que nela trabalham"[268]. No texto — que localizamos anexado a um relatório do SNI, no acervo do Arquivo Nacional — o sindicato apontava que, durante as férias do chefe de reportagem Paulo Nogueira, seu substituto teria promovido remanejamentos de repórteres e determinado que assuntos como as greves operárias fossem deixados de lado para o "cumprimento de pautas de pouca importância".

"Em carta aberta e distribuída em todas as redações do Grupo Folhas, os jornalistas da AF manifestaram seu repúdio às decisões da direção e denunciaram as constantes ameaças de demissão que, desde o início da campanha por aumento de salário, vinham sendo feitas pelo vice-diretor da Agência, Antonio Pedro Trudes da Veiga", dizia a publicação do sindicato. Os trabalhadores denunciavam

---

266. O jornalista se refere aos Conselhos Consultivos de Representantes de Redação (CCRR), que tinham como objetivo estabelecer a presença diária do Sindicato dos Jornalistas nos locais de trabalho (Roxo, 2013, p. 139).

267. Depoimento de Perseu Abramo concedido ao Projeto de História Oral da Folha.

268. ARQUIVO NACIONAL, Fundo Serviço Nacional de Informações, notação br_dfanbsb_v8_mic_gnc_eee_81006482_d0001de0001.

que estava em curso uma forma de censura, pois "os repórteres que passaram a ser designados para a cobertura dos movimentos grevistas nas indústrias recebem, agora, instruções para não entrevistarem os trabalhadores nem se referirem às condições de trabalho nas fábricas". Mesmo diante desse cenário, o sindicato afirmava que "os companheiros da Agência Folha continuam dispostos a prosseguir na luta por melhores salários e pelas garantias de emprego".

Wianey Pinheiro era repórter da Folha de S.Paulo e, à época, fazia parte da diretoria do Sindicato dos Jornalistas Profissionais no Estado de São Paulo. Em depoimento dado à nossa equipe, ele disse ter sido punido pela empresa no período posterior à greve. Por seu cargo no sindicato, o jornalista não podia ser demitido, mas ele conta que sofreu perseguição no retorno ao trabalho. Segundo Wianey Pinheiro, como "castigo" foi alocado para a Folha da Tarde e colocado para cobrir assuntos pouco importantes:

> Eles me mandavam fazer matérias irrelevantes, até porque não estavam querendo me dar nenhuma oportunidade. Eu fiz várias coisas realmente desimportantes, mas eles publicavam tudo e, na matéria clássica, factual, que não tem que ter assinatura, botavam o meu nome. Não dava, **era muita humilhação.** [...] **Eu estava muito abatido.** [...] **Era um desgaste ter o meu nome, primeiro, publicado naquele jornal, que depunha contra mim profissionalmente e, depois, nas coisas mais irrelevantes. Era tudo picuinha deles para sujar meu nome**[269].

O jornalista Antonio Henrique Lago, que trabalhava na Folha de S.Paulo desde 1976, também participou da greve de 1979. Ele explica que nem todas as demissões por causa da paralisação aconteceram

---

269. Wianey Pinheiro, entrevista à equipe em 25 de janeiro de 2023.

imediatamente após o término do movimento. Muitas foram sendo feitas paulatinamente para dar tempo do jornal recompor a redação. Ele mesmo seria demitido pouco mais de um ano depois, em junho de 1980, conta:

> Assim que terminou a cobertura [da visita de João Paulo II ao Brasil], que o Papa foi embora, eles despediram todo mundo. Nenhuma justificativa, simplesmente *paf.* (...) Eles fizeram uma razia em São Paulo. (...) Nunca mais teve [greve de jornalistas]. (...). Porque foi realmente de uma violência brutal[270].

Alberto Dines, chefe da sucursal da Folha no Rio, foi contra a greve. Segundo ele, os sindicalistas forçaram a paralisação porque queriam causar comoção e não por causa de uma pauta reivindicatória consistente. Apesar disso, acabou sendo desligado do jornal em 1979, no contexto do movimento. Ele conta como foi:

> **Eu liberei a redação** (...). **Isso deixou o Frias um pouco irritado** (...). **Cortaram meu salário**, mas eu continuei escrevendo a coluna e fazendo o que eu fazia. Até que surgiu a greve do ABC, com a repressão do [Paulo] Maluf (...). Houve mortes violentas, hoje a gente se esquece disso. Eu escrevi um artigo na página 2 contra o Maluf, com o título "Os dois Paulos", um era o Dom Paulo Evaristo Arns e o outro era o Maluf, comparando a posição de um e outro, e recebo um telefonema do Boris [Casoy] dizendo: "Dines, seu artigo não vai sair". No dia seguinte, eu tinha que escrever outro artigo, não me lembro do título, sobre o mesmo assunto, e não saiu. Eu colaborava n'O Pasquim, peguei um desses textos rejeitados e mandei para lá. Sugeri que diagramassem como se fosse na Folha, com o título "O jornal da cesta" e um balãozinho

---

270. Antonio Henrique Lago, entrevista à equipe em 21 de abril de 2023.

> dizendo: "Há momentos na história da imprensa em que o mais importante não é o que sai, mas o que deixa de sair". No dia seguinte, o Boris me demitiu por telefone (Alberto Dines apud Blass e Bertol, 2010, p. 121-122).

Na avaliação de Dines, a greve, além de provocar muitas demissões, deixou um legado maléfico para a imprensa brasileira, que foi a articulação entre os donos de jornais, que redundou na criação da Associação Nacional de Jornais (ANJ), a principal entidade patronal do setor:

> Otavinho veio ao Rio para falar com João Roberto Marinho e para conhecer Josa Nascimento Brito (...). Eles [os donos de jornais] nunca conseguiram se articular. A partir dessa greve, a segunda geração se articulou. E a partir daí nunca mais deixaram de fazê-lo. Por mais que briguem, que haja campanha de um contra ou outro, vende mais, vende menos, estão ali, na mesma linha, adotando as mesmas posições nas coisas fundamentais (...). A segunda geração começou a criar a ideia de um lobby, de um grupo de pressão do empresariado, que teve consequências que eu considero trágicas para o desenvolvimento da imprensa nos anos 80 (...). Aquele momento da abertura, que podia ser o mais feliz da imprensa brasileira, foi caracterizado pelas coisas mais desagradáveis. Acho até que a imprensa foi mais marcada na abertura, já no governo Geisel e no governo Figueiredo do que nos anos da censura, quando havia uma capacidade de resistência (Alberto Dines apud Abreu et al., 2003, p. 126-129).

As mudanças que ocorreram na imprensa brasileira naquela época, em grande medida capitaneadas pelas reformas da Folha de S.Paulo e engendradas pela ANJ, deram-se a partir de imperativos mercadológicos e tecnocráticos, que — na opinião de Dines — acabaram com o humanismo no jornalismo brasileiro. Claro que, na sua avaliação, há certa dose de nostalgia romântica e ressentimento pelo processo que ficou conhecido como "rejuvenização das redações", liderado justamente pela Folha no período em que Otávio Frias Filho assumiu a redação. De qualquer forma, Dines faz considerações interessantes sobre a articulação do empresariado e a consequente desarticulação dos trabalhadores da imprensa, num contexto em que a lógica de mercado impõe uma nova dinâmica de valores no campo profissional do jornalista.

Avaliação interessante também fez Perseu Abramo. Dez anos depois da greve, em junho de 1989, num texto publicado no jornal Unidade, o jornalista comentou que seria muito improvável que a categoria se dispusesse novamente a fazer uma greve para melhorar suas condições de trabalho. Em seu balanço, o movimento de 1979, enquanto durou, foi um dos mais coesos, mas que falhou na sua "brandura":

> A greve de 1979 foi uma greve suave, boazinha, civilizada, moderna, "moderna", quase britânica na preocupação com o ritual dos processos decisórios internos, inteiramente *sui generis* no zelo ético ao tratar os adversários, completamente indulgente nos juízos das defecções e vacilações. Foi uma greve cordial, bom-mocista, camarada, "adulta", que fazia apelos ao patronato e admoestações aos fura-greves. E encontrou pela frente patrões que — por decisão própria, inspiração alheia ou determinação superior — resolveram usar a greve dos jornalistas como um dique para uma nova era nas relações trabalhistas, um exemplo modelar de advertência do senhor contra seu servo. Para isso, não hesitaram em utilizar todos os recursos: a convocação da polícia, a ameaça de atropelamento, a demissão sumária, a suspensão e o ostracismo, a lista negra, a perseguição profissional e política, a infração à legislação do trabalho, a ameaça, a chantagem, a cooptação. A greve de 1979 marcou a história dos jornalistas. Mas marcou também a dos seus patrões (Abramo, 1997, p. 290-291).

4_ENCAMINHAMENTOS FINAIS

BENEFÍCIOS ECONÔMICOS

Um dos focos da nossa pesquisa, assim como das outras do projeto "Responsabilidade de empresas por violações de direitos durante a ditadura", levadas a cabo no âmbito do CAAF/Unifesp, foi investigar em que medida o apoio e o suporte dados à ditadura militar teriam se revertido em benefícios econômicos para as empresas implicadas. Por sua própria natureza, essa é uma das frentes da investigação mais difíceis de ser realizada, no sentido do levantamento de materialidade comprobatória, uma vez que demanda acesso a informações administrativas e financeiras das corporações.

Por isso, no nosso caso, não é possível afirmar que houve uma relação direta, de causa e efeito, entre a ascensão dos militares ao poder e a expansão do Grupo Folha. Mas há muitos elementos que indicam que Octavio Frias de Oliveira e Carlos Caldeira Filho se aproveitaram da conjuntura política e souberam utilizá-la em benefício dos seus negócios. O incremento de ganhos econômicos, no contexto da ditadura, pode ser evidenciado pela forma como suas empresas se consolidaram como um conglomerado de comunicação.

Durante os anos iniciais do regime militar, e em curto período de tempo, o Grupo Folha comprou a Litográfica Ypiranga, adquiriu os jornais Ultima Hora e Notícias Populares (1965), comprou a TV Excelsior e quatro outras emissoras de televisão (1965), inaugurou o jornal Cidade de Santos (1967), relançou o jornal Folha da Tarde (1967) e adquiriu o controle da Fundação Cásper Líbero (1968), passando a ser responsável pelos jornais A Gazeta e A Gazeta Esportiva, pela Rádio Gazeta e, a partir de 1970, pela TV Gazeta. A aquisição da maior parte dessas empresas, como vimos, ocorreu de forma muito rápida e envolveu circunstâncias polêmicas. Houve muitas denúncias e suspeitas de irregularidades e de corrupção, que levaram inclusive ao requerimento de uma CPI para investigar o grupo.

O Grupo Folha se favoreceu diretamente da conjuntura política para se consolidar e expandir seus negócios. A empresa cresceu a partir da aquisição de empreendimentos em dificuldades financeiras e de negócios enfraquecidos devido a perseguições políticas. O jornal Ultima Hora, de Samuel Wainer, e a TV Excelsior, do Grupo Simonsen, são exemplares nesse sentido. Tratava-se de dois veículos com grande capital simbólico no campo mais progressista, e nenhum dos dois recebeu investimentos que o pudesse impulsionar. Ao contrário, parece ter havido uma espécie de esvaziamento dos seus negócios, que acabou levando ao fechamento de ambas as empresas.

Houve também denúncias de irregularidades graves em relação à Rodoviária, outro negócio dos empresários Frias e Caldeira. A relação desse empreendimento com o Grupo Folha foi alvo de suspeitas. A administração da TV Excelsior e da Fundação Cásper Líbero também foi alvo de acusações diversas, como vimos. No entanto, os fatos aventados — que envolviam clientelismo, troca de favores, sonegação fiscal, dívidas com o INPS e desrespeito às leis trabalhistas

— nunca foram bem esclarecidos. Parece ter havido certa condescendência dos poderes públicos, que não levaram adiante as diferentes solicitações de investigação, o que por si só já configura uma forma indireta de beneficiamento.

O Grupo Folha, além disso, foi diretamente beneficiado pelo governo brasileiro na aquisição de insumos e maquinário via incentivos do Grupo Executivo da Indústria de Papel e Artes Gráficas. O órgão foi criado em 1967 para estimular o desenvolvimento do setor gráfico e editorial. Por meio dele, a empresa imediatamente adquiriu equipamentos para rodar em offset, técnica que permitiu a impressão dos seus periódicos em melhor qualidade, maior volume, de forma mais rápida e com menor custo.

Frias e Caldeira também se beneficiaram de sua proximidade com os poderes políticos locais, como a prefeitura e o Governo do Estado de São Paulo, ambos ligados a forças políticas conservadoras e aliados da ditadura. Um exemplo disso foi o empréstimo que obtiveram com o Banco do Estado de São Paulo, por meio da intermediação direta do governador Carvalho Pinto. Outro exemplo diz respeito à amizade com Paulo Maluf, que favoreceu os negócios da Rodoviária. O político, quando governador, foi responsável pela nomeação de Caldeira como prefeito biônico de Santos, tendo também um papel importante na sua nomeação como diretor do terminal de ônibus do Tietê e, posteriormente, do Metrô de São Paulo.

Podemos imaginar que os negócios dos dois empresários tenham sido favorecidos com empréstimos facilitados e subsidiados de instituições financeiras federais — como Banco do Brasil, Caixa Econômica Federal e BNDES (então BNDE) — e que tenham recebido benefícios por meio de publicidade governamental e de estatais. Não temos, entretanto, como confirmar isso. Nossa pesquisa não conseguiu avançar nessa frente de investigação, devido à dificuldade que tivemos em ter acesso a dados econômicos das empresas.

Encontramos, de qualquer forma, muito material interessante. É o caso de um documento emitido pelo DEOPS-SP, em 6 de fevereiro de

1969, que alertava para o fato de que estava "correndo muito dinheiro para a compra de empresas, prédios, terreno"[271] pelo Grupo Folha, sendo que este se encontrava, de acordo com outro documento, publicado em 16 de outubro de 1969, em "franca expansão, com dívidas de cerca de 7 milhões com o Banco do Brasil para compra de equipamentos 'off-set', financiado pela Aliança para o Progresso, através USAID, valor em U$ 2 milhões"[272].

A boa relação do Grupo Folha com os Estados Unidos, necessária para garantir empréstimos com a agência norte-americana, desdobrava-se em outros tipos de vínculo, a ponto de Octavio Frias fornecer informações aos serviços de inteligência daquele país. Em um telegrama enviado pelo Consulado dos Estados Unidos em São Paulo para o secretário de Estado, em Washington, o empresário é citado como fonte. O documento, localizado nos acervos do projeto *Opening the Archives*, trata das movimentações políticas do general Albuquerque de Lima e, em determinado momento, afirma: "Dono dos jornais *Folha* recentemente disse ao US Information System [Sistema de Informações dos Estados Unidos] que Albuquerque de Lima era extremamente antiamericano"[273]. Pela natureza do documento, não é possível afirmar que Frias fosse um informante da agência norte-americana. Trata-se, no entanto, de um indício inequívoco das excelentes relações que mantinha com altos funcionários daquele país, bem como do alinhamento com seus valores e objetivos.

---

271. SERVIÇO SECRETO. DOPS. Empresa Folha da Manhã S/A. APESP, Fundo DEOPS, 20-K-135-75.

272. SECRETARIA DA SEGURANÇA PÚBLICA. Serviço de Informação. DOPS. Octavio Frias de Oliveira. APESP, Fundo DEOPS, 20-K-135-86.

273. Owner Folha newspapers Otavio Frias de Oliveira recently told USIS Albuquerque de Lima was extremely anti american. *Opening The Archives*, notação pol15braz01-13-69saopaulo040_3.

Outro conjunto de documentos localizado no fundo documental do SNI no Arquivo Nacional diz respeito a uma série de informes relacionados à compra de dólares, por parte de Frias e Caldeira, no mercado paralelo de câmbio. Em um deles, datado de julho de 1983, o SNI apontava que "apesar dos vultosos recursos que possui em moeda, o 'Grupo Folhas' estaria em débito para com a Previdência Social"[274]. Denúncias sobre dívidas do Grupo Folha com a previdência não eram uma novidade. Segundo O Estado de S. Paulo, em 1981 a empresa era a primeira na lista dos devedores do então INPS[275].

É importante dizer, por fim, que o Grupo Folha participou ativamente do processo de concentração das empresas jornalísticas ocorrido no país nos anos 1960 e 1970. Não nos referimos, aqui, apenas à falência de muitas empresas e o fortalecimento de algumas poucas, mas a todo um processo mais amplo de reconfiguração do mercado. A concentração foi quantitativa (porque significou a redução dos títulos em circulação), qualitativa (com a instauração de uma diferenciação entre grandes e pequenos jornais) e financeira (com a expansão de alguns poucos grupos de imprensa). Teve também consequências técnico-profissionais, pois afetou o mercado de trabalho e o perfil do profissional de imprensa (Ribeiro, 2006).

Consequência importante: até a primeira metade dos anos 1960 havia em São Paulo, assim como em outras capitais do país, jornais com posições editoriais diversas. O matiz político e ideológico era, inclusive, um fator importante na construção da identidade dos diários e na segmentação do público leitor. Mas, com a concentração, os jornais perderam essa característica (Hons, 1982). O pluralismo

---

274. ARQUIVO NACIONAL, Fundo Serviço Nacional de Informações, notação br_dfanbsb_v8_mic_gnc_aaa_84042007_d0001de0001.

275. Comunicado à Estação Rodoviária de São Paulo. *O Estado de S. Paulo*, ano 102, n. 32.763, p. 9, 31 de dezembro de 1981.

político praticamente desapareceu da imprensa diária. Imperativos mercadológicos e tecnocráticos — baseados num ideal de profissionalismo supostamente objetivo e imparcial — se impuseram como uma deontologia dominante no jornalismo.

RESPONSABILIDADE EMPRESARIAL

Seguindo as orientações dadas aos projetos pela coordenação geral do CAAF/Unifesp, tentamos indicar possíveis violações de direitos praticadas pelo Grupo Folha durante a ditadura, a partir das suas vinculações com os órgãos de segurança e a repressão. Para orientar nosso trabalho, levamos em conta o "*Informe de la Comisión Internacional de Juristas*", publicado em 2008, documento que buscou arrolar casos e situações em que as empresas e os seus dirigentes poderiam ser responsabilizados legalmente conforme o direito penal e civil.

Ainda que o informe esteja pautado sob uma perspectiva do direito internacional, necessitando ser transposto com cuidado para a realidade e o contexto locais, a "teoria geral de responsabilidade por cumplicidade" elaborada pelos juristas coloca um questionamento bastante pertinente, que orientou e conduziu grande parte do presente trabalho: quando uma empresa pode ser legalmente responsabilizada por cumplicidade em graves violações de direitos humanos[276]?

De acordo com o documento, quando uma empresa tem relações com outros sujeitos e/ou instituições que cometeram violações de direitos, é preciso investigar o grau de intensidade e proximidade

276. Uma discussão mais detalhada sobre a cumplicidade de empresas em violações de direitos, em diálogo com o informe acima citado, pode ser consultada na obra de Verbitsky e Bohoslavsky (2013).

destas relações, para que sua conduta seja considerada efetivamente um risco legal. Neste caso, uma empresa "prudente" deveria evitar as seguintes condutas, capazes por si só de atestar sua cumplicidade e responsabilizá-la civil e criminalmente por graves violações de direitos humanos cometidas pelo Estado, seus agentes e/ou responsáveis:

> 1. **Causa (contribuição):** a conduta da empresa possibilita, exacerba ou facilita graves violações de direitos humanos?
>
> 2. **Conhecimento e previsibilidade:** a empresa sabia, ou deveria saber, que sua conduta provavelmente contribuiria para o cometimento das graves violações de direitos humanos?
>
> 3. **Proximidade:** A empresa estava próxima — geograficamente ou com base na duração, na frequência ou na intensidade das interações ou relacionamentos existentes — das vítimas ou do principal perpetrador das violações de direitos humanos? (Comisión Internacional de Juristas, 2008, p. 10, grifos e tradução nossa).

Em primeiro lugar, o painel considera que pode haver violação de direitos quando a conduta da empresa contribui (1) ("possibilitando", "exacerbando" ou "facilitando") para a concretização destas violações, independentemente da natureza da conduta e/ou do nível de assistência dispensado para as ações. Ao "possibilitar" uma violação, a conduta da empresa se torna um elemento essencial, um fator necessário para o cometimento das violações — sem sua contribuição parece ser improvável que ela possa ter ocorrido. Ao "exacerbar" uma violação, a conduta da empresa pode agravar as violações e os danos causados, aumentando, por exemplo, o número de vítimas ou a sua gravidade e intensidade. Ao "facilitar" uma violação, a conduta da empresa altera significativamente a forma como ocorreram as violações ou as torna mais fáceis de serem realizadas (Comisión Internacional de Juristas, 2008, p. 11-15).

Neste ponto, podemos afirmar seguramente — pelos indícios materiais sistematizados neste livro — que a conduta da Folha, ao ceder seus carros para o aparato repressivo da ditadura, contribuiu efetivamente para a maior intensidade de uma série de violações de direitos humanos, envolvendo prisões ilegais, captura e eventuais mortes de militantes políticos. Ainda que a cessão dos carros nem sempre tenha sido um elemento essencial que "possibilitou" estas violações, parece evidente que tenha "exacerbado" e "facilitado" as ações do regime, agravando o número de vítimas e facilitando a forma como elas foram realizadas.

O depoimento de Marival Chaves, ex-agente da repressão — explorado anteriormente —, deixou claro que os carros da Folha forneceram uma infraestrutura essencial para a maior eficiência das ações repressivas, o que já caracterizaria de forma contundente a "responsabilidade por cumplicidade" da empresa. Vale repetir um trecho da entrevista para enfatizar o grau de responsabilidade e a contribuição da empresa neste quesito: "Se [a Folha] não tivesse proporcionado os meios, os recursos, os fins não seriam aqueles, foram aqueles porque houve uma infraestrutura que facilitou a que se chegasse àquele desfecho"[277].

Em segundo lugar, é preciso levar em consideração o conhecimento (2) e a previsibilidade da empresa durante situações em que ocorreram violações de direitos. Neste caso, a empresa sabia, ou deveria saber, que sua conduta contribuiu com as violações? Havia algum conhecimento e/ou previsibilidade do risco que a empresa estaria assumindo ao contribuir de alguma forma para o acometimento destas violações? Em situações que a empresa não apenas sabia, mas de certa forma "desejava participar" e/ou compartilhar com o autor a intenção de cometer alguma violação, já pode-se

---

277. Marival Chaves do Canto, entrevista à equipe em 12 de julho de 2022.

considerar, de acordo com o direito penal, um efetivo caso de responsabilidade. Isso ocorre especialmente quando uma empresa compartilha interesses comerciais comuns com determinado governo ou regime, que lhes garantiriam algum tipo de benefício material ou econômico (Comisión Internacional de Juristas, 2008).

No caso do Grupo Folha, é possível afirmar que havia um claro conhecimento da empresa nas condutas que culminaram, ainda que indiretamente, em violações de direitos humanos. Um exemplo evidente, explorado anteriormente, são as campanhas de "ação psicológica" promovidas pelo jornal, conclamando a população a "redobrar a vigilância contra o inimigo", justificando a necessidade de "despertar a consciência" dos brasileiros para uma "tomada de posição, clara e definida" contra os chamados "subversivos" e "terroristas" procurados pelo regime[278]. Mencionamos também como um dos jornais do grupo chegou a publicar fotos com os dados pessoais (inclusive os nomes dos pais e o endereço residencial) de mais de 100 militantes que estavam sendo investigados[279]. Outro ponto que poderia atestar um grau de cumplicidade da empresa com o regime são os benefícios econômicos conquistados pelo Grupo Folha naquele momento. Ainda que a questão careça de futuras investigações para detalhar e precisar melhor esse processo, não há dúvida de que o rápido crescimento da empresa foi beneficiado, de diferentes formas, pelo contexto político.

Ainda com relação ao grau de conhecimento e previsibilidade, há casos em que a empresa não explicitamente "deseja" participar das ações, mas ao menos sabia, ou deveria saber, que elas ocorriam. De

---

278. A união e a violência. *Folha de S.Paulo*, ano XLIX, n. 14.658, capa, 3 de agosto de 1969.

279. DOPS arrasa o bando do nazismo vermelho. *Folha da Tarde*, n. 6.585, p. 1, 23 de dezembro de 1975.

acordo com o informe, o mais comum nestes casos são as empresas afirmarem que não tinham conhecimento das violações ou que nunca quiseram contribuir para os crimes que cometeram. A simples alegação de desconhecimento não é válida, mas é preciso reunir evidências de que os dirigentes "estavam cientes", de alguma maneira, das consequências de suas ações (Comisión Internacional de Juristas, 2008, p. 24-25).

A partir de alguns documentos e, principalmente, dos testemunhos colhidos para esta investigação, podemos afirmar que a direção da Folha tinha conhecimento de que a conduta da empresa contribuiu para o cometimento de uma série de violações de direitos envolvendo monitoramento, prisão e até mesmo morte de militantes políticos durante a ditadura. O caso do empréstimo dos carros, maior evidência dessas violações, foi confirmado por muitos de nossos entrevistados e atestado, inclusive, pelo próprio Otávio Frias, quando afirmou categoricamente que "sim: os caminhões de transporte da Folha foram usados por equipes do DOI-CODI para fazer campana e até prender guerrilheiros" (Paschoal, 2007, p. 157).

Além disso, a empresa tinha conhecimento da situação de encarceramento de alguns de seus funcionários — como José Vidal Pola Galé, Sérgio Gomes, Rose Nogueira e José Maria Domingues dos Santos —, porque noticiou nas páginas de seus jornais a prisão de todos eles. Também destacamos que a contratação de militares e policiais na ativa, inclusive delegados do DEOPS, para compor quadros funcionais na empresa, era muitas vezes realizada com uma evidente anuência de seus dirigentes, até porque alguns deles exerciam cargo de gestão.

Por fim, e em terceiro lugar, o "*Informe de la Comisión Internacional de Juristas*" considera a proximidade (3) — seja ela geográfica ou baseada na duração, na frequência e na intensidade das relações — que uma empresa poderia ter tido com as vítimas e/ou os perpetradores das violações de direitos humanos. Neste sentido, quanto mais próximas e intensas forem as relações da empresa com o regime e seus perpetradores, mais provável que ela sabia — ou deveria ter sabido — dessas violações, o que pode lhe imputar uma responsabilização legal por cumplicidade. Por outro lado, quanto mais próxima a empresa estiver dos agentes causadores do dano e das vítimas, maior seu poder de influência e autoridade para "possibilitar" e/ou "exacerbar" e "facilitar" a violação de direitos.

No caso da proximidade com as vítimas, já mencionamos de que forma o Grupo Folha se envolveu diretamente e facilitou a violação de direitos de funcionários da empresa, que foram presos e, em alguns casos, demitidos ilegalmente por "abandono de emprego", ainda que o grupo tivesse conhecimento de sua situação. Com relação à proximidade da empresa com autores das violações de direitos, há também claras evidências, exploradas anteriormente neste livro, de que a empresa mantinha policiais e agentes da repressão em quadros de atuação importantes dentro do grupo. Além disso, seus dirigentes contrataram reconhecidos agentes da repressão — como é o caso de Roberto e Edward Quass, ligados ao grupo do delegado Sérgio Fleury — para que fizessem a segurança interna da empresa e de seus proprietários, tendo livre trânsito nas estruturas da Folha.

DANOS E REPARAÇÕES

A atuação do Grupo Folha desde os momentos que antecedem o golpe de Estado de 1964 até fins dos anos 1970, passando por todo o período em que a repressão à luta armada foi mais brutal (1968-1974), provocou uma série de danos coletivos e individuais.

Em primeiro lugar, podemos identificar um conjunto de danos coletivos indiretos, que se espraiam virtualmente por todo o conjunto da sociedade brasileira, em razão da posição editorial dos jornais do grupo e de sua atuação como veículo de legitimação das graves violações aos direitos humanos perpetradas pelo regime ditatorial.

Deve-se levar em conta, aqui, o papel que um jornal com a tiragem da Folha de S.Paulo cumpria como formador de opinião.

Elementos como o suplemento "64 — Brasil Continua", publicado às vésperas do golpe de 1964, a campanha "União contra a Violência" e as notícias da morte de militantes que ainda estavam presos serviram de forma muito direta ao que o próprio regime entendia, nos termos da Doutrina de Segurança Nacional, como "ações psicológicas". Como já dito anteriormente, o lugar que esse tipo de ação ocupava, na lógica das agências repressivas, não era lateral. Pelo contrário. Essas operações tinham um status quase tão relevante quanto as ações propriamente militares de repressão. Nesse sentido, era fundamental, para a ditadura, contar com uma aliança estreita com um jornal da envergadura da Folha de S.Paulo.

Diante disso, é pouco razoável a alegação de que o que havia era um mero apoio editorial. Os jornais do Grupo Folha eram veículos de legitimação do regime e da violência por ele perpetrada. Exemplo emblemático é o editorial de 1972, no contexto da greve de fome dos presos políticos. Segundo o jornalista Oscar Pilagallo (2012, p. 214), o texto teria sido escrito "sob medida para agradar à linha dura do regime militar". Ora, o que isso poderia significar se não colocar o veículo jornalístico a serviço da estratégia político-militar dessa facção castrense?

Ao atuar em benefício das "ações psicológicas" da ditadura militar, o Grupo Folha disseminou narrativas falsas como se verdade fossem. Trabalhou, nesse sentido, para fazer com que o conjunto da sociedade brasileira fosse levada a acreditar em teses históricas infundadas (como a ameaça de um golpe comunista no pré-1964), em versões fantasiosas que legitimavam e/ou ocultavam graves violações aos direitos humanos (como as notícias de que militantes vivos estavam mortos ou de que militantes mortos sob tortura tinham morrido ao resistir à prisão), e em discursos oficiais cínicos e ilegítimos (como a afirmação de que não existiam presos políticos no Brasil). Hoje, talvez chamássemos este tipo de narrativa massivamente reproduzida nos jornais do Grupo Folha de "desinformação" ou, quem sabe, apenas *fake news*.

Evidentemente, é difícil quantificar ou delimitar de forma objetiva esses danos. Não era a Folha a única fonte de informação a partir da qual as pessoas formavam suas opiniões, tampouco se pode afirmar que a leitura de um determinado texto em um jornal se converte imediatamente em uma opinião individual. Ainda assim, é inegável que o Grupo Folha cumpriu, de maneira consciente, um papel central de espraiamento massivo de informações equivocadas, parciais ou falsas, que ajudaram a legitimar graves violações aos direitos humanos promovidas pelo regime.

O mesmo se dava em outros jornais do Grupo Folha, em especial a Folha da Tarde. Esse diário, de grande penetração nas camadas populares, foi controlado por um grupo de policiais diretamente ligados ao aparato repressivo e não poupou esforços na construção de uma linha editorial violenta em relação à militância de esquerda. Vale a pena relembrar, em especial, a publicação de dados pessoais dos procurados políticos (como nome completo, idade, nomes dos pais e endereço), que funcionou quase como uma espécie de "disque-denúncia". Mais uma vez, não é possível dimensionar o verdadeiro impacto de um tipo de procedimento policialesco como esse, mas é possível imaginar que pode ter ajudado na prisão, na tortura e, até mesmo, na morte de militantes políticos.

Um segundo tipo de dano que a prática empresarial do Grupo Folha causou diz respeito a danos coletivos diretos, que atingiram fundamentalmente os trabalhadores da empresa. A presença de policiais e agentes da repressão nas redações e na estrutura empresarial do Grupo Folha é um elemento que ajuda a caracterizar a existência de um ambiente de controle e pressão, cujo ápice estava na autocensura praticada pelo jornal. É importante notar que esse ambiente atingia não apenas os jornalistas, mas também outros funcionários do jornal.

Este tipo de dano coletivo direto também é bem caracterizado na demissão massiva de jornalistas após a greve de 1979. Não apenas por configurar clara perseguição política a funcionários que haviam participado do movimento de paralisação, mas também por ter produzido, como resultado, uma significativa desmobilização da categoria, sintetizada na percepção de Antonio Henrique Lago e na de Alberto Dines de que, desde aquela ocasião, nunca mais houve greves de jornalistas daquela dimensão em São Paulo.

Para além desses danos que caracterizamos como coletivos, a ação empresarial do Grupo Folha foi responsável por produzir danos individuais. Caracterizamos como danos individuais indiretos todos aqueles decorrentes da prisão, da tortura, da morte e do desaparecimento forçado dos militantes que foram alvos dessas graves violações aos direitos humanos a partir da utilização dos carros da Folha de S.Paulo pelos órgãos repressivos. Defendemos que a cessão dos automóveis deve implicar o Grupo Folha na cadeia de responsabilidades por essas gravíssimas violações aos direitos humanos, na medida em que há um evidente nexo causal entre o empréstimo dos carros e o curso de ações que resultaram em prisões, torturas, assassinatos e desaparecimentos.

Por fim, a conduta do Grupo Folha causou danos individuais diretos sobre os trabalhadores presos, perseguidos, demitidos por "abandono de emprego" ou realocados de função por questões políticas. Nesse caso, não resta dúvida de que a empresa foi diretamente responsável pelos danos decorrentes desse tipo de ação. Não pagar os salários de perseguidos políticos ao longo de meses, submeter jornalistas a humilhações e situações vexatórias distintas, obrigá-los a trabalhar em condições inadequadas e demitir funcionários que estavam presos por "abandono de emprego" são algumas das condutas do Grupo Folha que implicaram danos materiais e morais a diversos trabalhadores.

Levando em conta que a reparação a uma violação de direitos deve buscar restabelecer as condições anteriores às violências perpetradas, entendemos que o Grupo Folha deve promover formas de reparação específicas para cada tipo de dano causado. Abaixo, listamos algumas possibilidades que vislumbramos como caminhos a serem seguidos para essa reparação. Notamos, no entanto, que qualquer medida deve ser adotada em diálogo com o Ministério Público, com as entidades da sociedade civil e, em especial, com as vítimas das ações do grupo.

No que diz respeito aos danos coletivos indiretos, é esperado que o Grupo Folha promova formas de reparação coletivas igualmente indiretas e difusas. O reconhecimento público e um pedido de desculpas à sociedade por ter atuado para legitimar a violência do regime seriam passos iniciais importantes. Além disso, a empresa deveria dedicar um espaço fixo periódico em seus veículos jornalísticos para tratar de temas relacionados à ditadura militar, a partir de uma abordagem de respeito e valorização dos direitos humanos, destinado a publicar, sem interferência editorial, textos de historiadores, sociólogos, cientistas políticos e vítimas da ditadura.

Ainda nessa seara, o Grupo Folha deveria financiar pesquisas independentes que versassem sobre questões vinculadas à ditadura militar, dentre elas pontos como a relação entre a imprensa e as ditaduras; as chamadas "ações psicológicas"; a responsabilidade empresarial diante de graves violações aos direitos humanos; a liberdade de expressão e a censura. A Folha deveria financiar, ainda, bolsas de estudo e permanência para alunos negros, indígenas e quilombolas em faculdades públicas e privadas de jornalismo, em nível de graduação e pós-graduação, com o intuito de fomentar a diversidade neste campo.

Quanto aos danos coletivos diretos, que atingiram de forma mais específica os trabalhadores da empresa submetidos a condições de trabalho inaceitáveis e os grevistas demitidos após a paralisação de 1979, o Grupo Folha deve buscar repará-los a partir de compromissos com a transformação e o aprimoramento de suas práticas empresariais e trabalhistas.

No tocante aos danos individuais indiretos, é necessário que a Folha finalmente reconheça seu papel na cessão dos carros à repressão e envide todos os esforços possíveis para esclarecer qual foi a extensão dessa prática. Aqui, é preciso entender o direito à verdade como pressuposto para o direito à reparação. Abrir seus arquivos para pesquisadores independentes é o primeiro passo para que, a partir de um cruzamento de dados, seja possível estabelecer quantos e quais indivíduos foram alvos de graves violações aos direitos humanos a partir desses empréstimos. Uma vez esclarecido isto, a Folha deve pedir desculpas às vítimas e aos seus familiares, bem como promover formas de indenização pelos danos morais e materiais causados.

Por fim, no que diz respeito aos danos individuais diretos, entendemos que um pedido de desculpas público às vítimas é também um primeiro passo necessário. Cabe à Folha, ainda, levar adiante formas de reparação que incluam a indenização por danos materiais e morais e a garantia de apoio e assistência psicológica.

REFERÊNCIAS

ENTREVISTAS

Francisco Carlos de Andrade — Realizada em 04/02/2022.

Amélia Teles — Realizada em 15/02/2022.

Sebastião Ferreira da Silva ("Ferreirinha") — Realizada em 18/02/2022.

Sérgio Gomes da Silva — Realizada em 18/02/2022.

César Augusto Castiglioni — Realizada em 19/02/2022.

Adriano Diogo — Realizada em 14/03/2022.

Artur Scavone — Realizada em 23/03/2022.

Ivan Seixas — Realizada em 25/03/2022.

Francisco Carlos de Andrade — Realizada em 10/04/2022.

Hamilton Pereira da Silva — Realizada em 13/04/2022.

Celso Horta — Realizada em 25/04/2022.

Andre Ota — Realizada em 05/05/2022.

Antonio Carlos Fon — Realizada em 26/05/2022.

José Vidal Pola Galé — Realizada em 27/05/2022.

Oswaldo Luiz "Colibri" Vitta — Realizada em 27/05/2022.

Adriano Diogo — Realizada em 28/05/2022.

Renato Khair — Realizada em 28/05/2022.

Rose Nogueira — Realizada em 29/05/2022.

Marival Chaves do Canto — Realizada em 12/07/2022.

Marcial Ribeiro dos Santos Filho — Realizada em 17/09/2022.

José Luiz Proença — Realizada em 18/01/2023.

Guiomar Silva Lopes — Realizada em 18/01/2023.

Alvaro de Azevedo Gonzaga — Realizada em 19/01/2023.

Sérgio Gomes da Silva — Realizada em 19/01/2023.

Boris Casoy — Realizada em 24/01/2023.

José Maria dos Santos — Realizada em 25/01/2023.

Wianey Pinheiro — Realizada em 25/01/2023.

Jorge Okubaro — Realizada em 13/02/2023.

Carlos Alberto Augusto ("Carteira Preta"/"Carlinhos Metralha") — Realizada em 14/02/2023.

Marcia Fernandes dos Santos — Realizada em 15/02/2023.

Marcos Vinicio Fernandes dos Santos — Realizada em 15/02/2023.

Vladia Fontes Violante — Realizada em 15/02/2023.

Ivan Seixas — Realizada em 30/03/2023.

Frei Betto — Realizada em 11/04/2023.

Vicente Alessi Filho — Realizada em 11/04/2023.

Antônio Henrique Lago — Realizada em 21/04/2023.

Suzana Lisboa — Realizada em 24/05/2023.

Paulo Frateschi — Realizada em 22/07/2023.

Rubens Glasberg — Realizada em 27/07/2023.

Rui Falcão — Realizada em 27/10/2023.

Vilma Amaro — Realizada em 20/12/2023.

FONTES E DOCUMENTOS DIVERSOS

Arquivo Nacional

ARQUIVO NACIONAL, br_dfanbsb_v8_mic_gnc_aaa_76094286_d0001de0000.

ARQUIVO NACIONAL, br_dfanbsb_v8_mic_gnc_eee_80003333_d0001de0001.

ARQUIVO NACIONAL, Fundo Centro de Informações da Aeronáutica, notação br_dfanbsb_vaz_0_0_17666_d0001de0001.pdf.

ARQUIVO NACIONAL, Fundo IPES, notação br_rjanrio_ql_0_ofu_0044_d0001de0010.

ARQUIVO NACIONAL, Fundo IPES, notação BR_RJANRIO_QL_0_OFN_0003_d0028de0048.

ARQUIVO NACIONAL, Fundo Serviço Nacional de Informações, notação BR_DFANBSB_V8_MIC_GNC_EEE_79001602_d0001de0001.

ARQUIVO NACIONAL, Fundo Serviço Nacional de Informações, notação br_dfanbsb_v8_mic_gnc_aaa_84042007_d0001de0001.

ARQUIVO NACIONAL, Fundo Serviço Nacional de Informações, notação br_dfanbsb_v8_mic_gnc_eee_81006482_d0001de0001.

ARQUIVO NACIONAL, Fundo Serviço Nacional de Informações, notação br_dfanbsb_v8_mic_gnc_aaa_74094541_d0001de0001.

ARQUIVO NACIONAL, Fundo SNI, notação br_dfanbsb_1m_0_0_6132_d0001de0006.

SERVIÇO NACIONAL DE INFORMAÇÕES. Agência São Paulo. Ficha Individual. Otavio Frias de Oliveira. Encaminhamento nº 350/SNI/ASP, 21 de março de 1969. Instrução nº 006/68-GAB. *Arquivo Nacional*, Fundo Serviço Nacional de Informações, notação br_dfanbsb_v8_mic_gnc_aaa_69000263_d0001de0001.

SERVIÇO NACIONAL DE INFORMAÇÕES. "Informe — Samuel Wainer e o Grupo 'Folhas'". *Arquivo Nacional*, Fundo Serviço Nacional de Informações, notação br_dfanbsb_v8_mic_gnc_eee_81006124_d0001de0001.

Arquivo Público do Estado de São Paulo

A subversão e o terrorismo em São Paulo. Departamento de Ordem Política e Social, 17 de agosto de 1970. *Arquivo Público do Estado de São Paulo*, Fundo DEOPS, Dossiê 50-Z-09-87.

As informações no II Exército e a Operação Bandeirante. Departamento de Ordem Política e Social, 28 de junho de 1970. *Arquivo Público do Estado de São Paulo*, Fundo DEOPS, Dossiê 50-Z-9, 74.

DEPARTAMENTO DE ORDEM POLÍTICA E SOCIAL. DOPS, São Paulo, 29 de março de 1971. *Arquivo Público do Estado de São Paulo*, Fundo DEOPS, Dossiê 50-K-86-39.

EMPRESA FOLHA DA MANHÃ S/A. Comunicação interna nº 9372. Furto do nosso veículo de prefixo n. 72, 8 de junho de 1972. *Arquivo Público do Estado de São Paulo*, Fundo DEOPS, Dossiê 50Z_129_052_12062.

MINISTÉRIO DO TRABALHO E PREVIDÊNCIA SOCIAL. Delegacia Regional do Trabalho em São Paulo. Processo DRT/SP — 172.414/70, 15 de outubro de 1970. *Arquivo Público do Estado de São Paulo*, Fundo DEOPS, Dossiê 50-B-285.

OPERAÇÃO BANDEIRANTE. Central de Difusão. Contra-Propaganda Anti-terrorista. Proposta para ação psicológica, setembro de 1969. *Arquivo Público do Estado de São Paulo*, Fundo DEOPS, Dossiê 50-Z-9, 60.

SECRETARIA DE SEGURANÇA PÚBLICA. Departamento de Ordem Política e Social. Relatório do Plantão. São Paulo, 26 de setembro de 1971. *Arquivo Público do Estado de São Paulo*, Fundo DEOPS, BR_SP_APESP_DEOPS_50-Z-129-10781.

SECRETARIA DE SEGURANÇA PÚBLICA. Serviço de Informação. DOPS. Octavio Frias de Oliveira. *Arquivo Público do Estado de São Paulo*, Fundo DEOPS, Dossiê 20-K-135-86.

SERVIÇO SECRETO. DOPS. Empresa Folha da Manhã S/A. *Arquivo Público do Estado de São Paulo*, Fundo DEOPS, Dossiê 20-K-135-75.

Projeto de História Oral da Folha

Antonio Aggio Junior, *entrevista ao Projeto de História Oral da Folha*, 26 de março de 2003.

Helena Miranda de Figueiredo, *entrevista ao Projeto de História Oral da Folha*, 7 de junho de 2017.

Perseu Abramo, *entrevista ao Projeto de História Oral da Folha*, 28 de agosto de 1995.

Manuais de Redação da Folha

FOLHA DE S.PAULO. *Manual Geral da Redação*. 2ª ed., 1987.

FOLHA DE S.PAULO. *Novo Manual da Redação*, 1996.

FOLHA DE S.PAULO. *Manual da Redação*. São Paulo: Publifolha, 2005.

Documentos diversos e relatórios de comissões

BRASIL. Escola Superior de Guerra. *Doutrina Básica*. Rio de Janeiro, 1979.

BRASIL. Comissão Nacional da Verdade. *Relatório. Comissão Nacional da Verdade: v. I*. Brasília: CNV, 2014.

BRASIL. Comissão Nacional da Verdade. *Relatório. Comissão Nacional da Verdade: v. II*. Textos temáticos. Brasília: CNV, 2014b.

BRASIL NUNCA MAIS. Ministério Público Federal. BNM 448. Ação Penal 829/73. Messias Ayrton Scatena e Helena Miranda de Figueiredo. Apelação STM 39.947, 1973.

COMISSÃO DE ANISTIA. Josail Gabriel de Sales. Requerimento de Anistia, n° 2006.01.54669, 2006.

COMISSÃO DE ANISTIA. Renato Leone Mohor. Requerimento de Anistia, n° 2001.02.00788, 2001.

COMISSÃO DE ANISTIA. Sérgio Gomes da Silva. Requerimento de Anistia, n° 2006.01.54641, 2006.

COMISSÃO DE ANISTIA. Vilma Amaro. Requerimento de Anistia, n° 2006.01.54878, 2006.

COMISIÓN INTERNACIONAL DE JURISTAS. *Complicidad empresarial y responsabilidad legal*. Informe del Panel de Expertos Juristas de la Comisión Internacional de Juristas sobre Complicidad Empresarial en Crímenes Internacionales. Vol. 1. Afrontar los hechos y establecer un camino legal. Genebra, 2008.

OPENING THE ARCHIVES. Owner Folha newspapers Octavio Frias de Oliveira recently told USIS Albuquerque de Lima was extremely anti american". *Opening The Archives*, notação pol15braz01-13-69saopaulo040_3.

PILAGALLO, Oscar. *Memorial: a Folha e a ditadura militar*. Documento interno da Folha de S.Paulo, 2005.

SINDICATO DOS JORNALISTAS PROFISSIONAIS NO ESTADO DE SÃO PAULO. *Livro de atas das Reuniões Ordinárias e Extraordinárias da Diretoria do Sindicato dos Jornalistas Profissionais no Estado de São Paulo*. 19 de outubro de 1965 — 24 de março de 1970.

SINDICATO DOS JORNALISTAS PROFISSIONAIS NO ESTADO DE SÃO PAULO. Jornalistas de São Paulo e a ditadura. *Relatório da Comissão da Verdade, Memória e Justiça do Sindicato dos Jornalistas Profissionais no Estado de São Paulo*. São Paulo: SJSP, 2017.

PERIÓDICOS

O Cruzeiro

MEDEIROS, Pedro. CCC ou o Comando do Terror. *O Cruzeiro*, ano XL, n. 45, 9 de novembro de 1968.

Folha de S.Paulo

2000.000 exemplares. Novo recorde de tiragem. *Folha de S.Paulo*, ano XLVI, n. 13.674, p. 1, 23 de novembro de 1966.

1964. *Folha de S.Paulo*, ano 94, n. 31.042, p. 2, 30 de março de 2014.

64 — Brasil Continua. *Folha de S.Paulo*, ano XLIV, n. 12.707, 31 de março de 1964.

A Folha de S.Paulo adquire a mais moderna rotativa "offset" até hoje fabricada. *Folha de S.Paulo*, ano L, n. 15.022, p. 8-9, 2 de agosto de 1970.

A união e a violência. *Folha de S.Paulo*, ano XLIX, n. 14.658, capa, 3 de agosto de 1969.

ABI apela contra prisões e censuras. *Folha de S.Paulo*, ano LV, n. 17.014, p. 4, 14 de outubro de 1975.

Bolsa conclama à união contra a violência. *Folha de S.Paulo*, ano XLIX, n. 14.655, 31 de julho de 1969.

Canavarro: união contra subversão. *Folha de S.Paulo*, ano XLIX, n. 14.658, p. 3, 3 de agosto de 1969.

Cardeal Rossi condena atos de terrorismo. *Folha de S.Paulo*, ano XLIX, n. 14.649, capa, 25 de julho de 1969.

Castelo apóia o incentivo às compras. *Folha de S.Paulo*, ano XLV, n. 13.127, p. 1, 25 de maio de 1965.

Comício-Provocação. *Folha de S.Paulo*, ano XLIV, n. 12.689, 13 de março de 1964.

Como a Operação Bandeirante chegou a Marighela. *Folha de S.Paulo*, ano XLIX, n. 14.753, p. 13, 6 de novembro de 1969.

Confiamos no Brasil! *Folha de S.Paulo*, ano XLVI, n. 13.678, p. 1, 27 de novembro de 1966.

Destruída a metade do prédio do 13. *Folha de S.Paulo*, ano XLIX, n. 14.641, p. 9, 17 de julho de 1969.

DIAFÉRIA, Lourenço. Herói. Morto. Nós. Ilustrada. *Folha de S.Paulo*, ano LVI, n. 17.683, 1º de setembro de 1977.

Documento aborda trajetória do Grupo Folha no período da ditadura militar. Ilustríssima. *Folha de S.Paulo*, ano 103, n. 34.423, p. C6-7, 2 de julho de 2023.

Edição de hoje é recorde de circulação. *Folha de S.Paulo*, ano 71, n. 22.866, p. 12, 10 de novembro de 1991.

Em defesa da lei. *Folha de S.Paulo*, ano XLIV, n. 12.709, p. 4, 2 de abril de 1964.

Empresário: união povo-governo. *Folha de S.Paulo*, ano XLIX, n. 14.646, p. 3, 22 de julho de 1969.

Entidades do comércio pregam União e Trabalho. *Folha de S.Paulo*, ano XLIX, n. 14.647, capa, 23 de julho de 1969.

Líderes rurais apoiam a união contra a violência. *Folha de S.Paulo*, ano XLIX, n. 14.648, p. 3, 24 de julho de 1969.

Limites a Chávez. *Folha de S.Paulo*, ano 88, n. 29.175, p. A2, 17 de fevereiro de 2009.

Meio Século. *Folha de S.Paulo*, ano LI, n. 15.223, p. 04, 19 de fevereiro de 1971.

Nada resiste ao trabalho. *Folha de S.Paulo*, ano XLV, n. 13.114, p. 1 e 3, 12 de maio de 1965.

Nada resiste ao trabalho. *Folha de S.Paulo*, ano XLV, n. 13.129, p. 1, 27 de maio de 1965.

Nova impressão põe Folha na era eletrônica. *Folha de S.Paulo*, ano XLVII, n. 14.107, p. 1, 30 de janeiro de 1968.

OLIVEIRA, Octavio Frias de. Banditismo. *Folha de S.Paulo*, ano LI, n. 15.438, p. 1, 22 de setembro de 1971.

Para quê? *Folha de S.Paulo*, ano XLIV, n. 12.690, 14 de março de 1964.

Presos ontem mais três jornalistas. *Folha de S.Paulo*, ano LV, n. 17.028, p. 3, 25 de outubro de 1975.

Presos políticos? *Folha de S.Paulo*, ano LII, n. 15.720, p. 6, 30 de junho de 1972.

Radicalização. *Folha de S.Paulo*, ano XLIV, n. 12.682, 6 de março de 1964.

São 25 os procurados por terrorismo. *Folha de S.Paulo*, ano XLIX, n. 14.646, p. 17, 22 de julho de 1969.

Sodré conclama povo a unir-se contra violência. *Folha de S.Paulo*, ano XLIX, n. 14.651, p. 3, 27 de julho de 1969.

Terroristas incendeiam carro da Folha. *Folha de S Paulo*, ano LI, n. 15.473, p. 9, 27 de outubro de 1971.

União contra a violência. *Folha de S.Paulo*, ano XLIX, n. 14.640, edição extra, p. 1, 16 de julho de 1969.

União contra a violência. *Folha de S.Paulo*, ano XLIX, n. 14.641, p. 4, 17 de julho de 1969.

Folha da Tarde

"Bacuri" deu a lição: terror é morte. *Folha da Tarde*, n. 5.151, p. 8, 12 de março de 1971.

Um louco comanda o terror: Lamarca. *Folha da Tarde*, n. 4.937, p. 1, 3 de julho de 1970.

Bando de Lamarca, o louco, tortura e mata. *Folha da Tarde*, n. 4.996, p. 1, 10 de setembro de 1970.

Contra a subversão, Polícia arma o "jogo da paciência". *Folha da Tarde*, n. 4.737, p. 8, 6 de novembro de 1969.

DOPS arrasa o bando do nazismo vermelho. *Folha da Tarde*, n. 6.585, p. 1, 23 de dezembro de 1975.

DOPS paulista desmascara a infiltração comunista. *Folha da Tarde*, n. 6.585, p. 10-11, 15 e 20, 23 de dezembro de 1975.

Ele sempre foi desequilibrado, mesmo no Exército. *Folha da Tarde*, n. 5.314, p. 3, 20 de setembro de 1971.

Jornalista depõe no II Exército. *Folha da Tarde*, n. 6.540, p. 3, 30 de outubro de 1975.

Jornalistas libertados e jornalistas transferidos. *Folha da Tarde*, n. 6.544, p. 2, 4 de novembro de 1975.

Lamarca deixou 2,5 milhões de dólares. *Folha da Tarde*, n. 5.314, p. 1, 20 de setembro de 1971.

Lamarca, nome sem méritos. *Folha da Tarde*, n. 5.314, p. 3, 20 de setembro de 1971.

Massa explica por que deixou o terror. *Folha da Tarde*, n. 4.937, p. 3, 3 de julho de 1970.

Morto em tiroteio um dos assassinos do industrial. *Folha da Tarde*, n. 5.181, p. 3, 17 de abril de 1971.

Morto o assassino do industrial Boilesen. *Folha da Tarde*, n. 5.181, p. 1, 17 de abril de 1971.

Terror está devorando seus próprios filhos. *Folha da Tarde*, n. 5.151, p. 1, 12 de março de 1971.

Terror: metralhado e morto outro facínora. *Folha da Tarde*, n. 5.073, p. 1, 9 de dezembro de 1970.

Terror: prisão preventiva de jornalista implicado. *Folha da Tarde*, n. 4.761, p. 8, 5 de dezembro de 1969.

Terrorista morre ao enfrentar polícia. *Folha da Tarde*, n. 5.073, p. 8, 9 de dezembro de 1970.

O Estado de S. Paulo

Bens da TV são removidos. *O Estado de S. Paulo*, ano 92, n. 29.506, p. 20, 15 de junho de 1971.

Comunicado à Estação Rodoviária de São Paulo. *O Estado de S. Paulo*, ano 102, n. 32.763, p. 9, 31 de dezembro de 1981.

Dono ganha, centro perde. *O Estado de S. Paulo*, ano 93, n. 29.866, p. 17, 11 de agosto de 1972.

Jornalista rebate acusação. *O Estado de S. Paulo*, ano 87, n. 27.931, p. 13, 10 de maio de 1966.

Juiz quer saber onde estão veículos da TV. *O Estado de S. Paulo*, ano 92, n. 29.494, p. 21, 1º de junho de 1971.

Os graves problemas da Fundação Cásper Líbero e os interesses de seus empregados. Seção Livre, *O Estado de S. Paulo*, ano 89, n. 28.733, p. 77, 8 de dezembro de 1968

Recuo consumou-se com desrespeito. *O Estado de S. Paulo*, ano 88, n. 28.279, p. 1, 23 de junho de 1967.

Recuo do governo tornou-se efetivo. *O Estado de S. Paulo*, ano 88, n. 28.274, p. 12, 17 de junho de 1967.

Sindicato denuncia jornais. *O Estado de S. Paulo*, ano 88, n. 28.315, p. 11, 4 de agosto de 1967.

Sindicato dos Jornalistas denuncia o 'Grupo Folhas'. Seção Livre, *O Estado de S. Paulo*, ano 90, n. 28.829, p. 15, 3 de abril de 1969

Sindicato dos Jornalistas Profissionais no Estado de São Paulo. Seção Livre, Departamento Jurídico, *O Estado de S. Paulo*, ano 89, n. 28.707, p. 28, 8 de novembro de 1968.

Sindicato dos Jornalistas Profissionais no Estado de São Paulo. Seção Livre, *O Estado de S. Paulo*, ano 89, n. 28.713, p. 23, 15 de novembro de 1968.

TV Excelsior é a causa de protesto. *O Estado de S. Paulo*, ano 92, n. 29.605, p. 16, 8 de outubro de 1971

Um bom negócio, só para alguns. *O Estado de S. Paulo*, ano 93, n. 29.725, p. 28, 27 de fevereiro de 1972.

Volta o escândalo da rodoviária. *O Estado de S. Paulo*, ano 88, n. 28.273, p. 1, 16 de junho de 1967.

Diário Oficial do Estado de São Paulo

Brasil Industrial, de 1968-69

Ultima Hora

União contra a violência. *Ultima Hora*, 16, 17 e 18 de julho de 1969.

FILHO, Carlos Caldeira; OLIVEIRA, Octavio Frias de. Aos leitores. *Ultima Hora*, ano XIV, p. 4, 4 de setembro de 1965.

Venceremos

VENCEREMOS, n. 5, set., out., nov., 1971.

LIVROS

AARÃO REIS, Daniel. *Ditadura e democracia no Brasil: do golpe de 1964 à Constituição de 1988*. Rio de Janeiro: Zahar, 2014.

ABRAMO, Cláudio. *A regra do jogo: o jornalismo e a ética do marceneiro*. São Paulo: Companhia das Letras, 1988.

ABRAMO, Perseu. *Um trabalhador da notícia*. São Paulo, Fundação Perseu Abramo, 1997.

ABREU, Alzira A. *A imprensa e a queda do governo de João Goulart*. In: BRAGANÇA, A.; MOREIRA, S. V. (Orgs.) *Comunicação, acontecimento e memória*. São Paulo: Intercom, 2005.

ALZIRA, A.A.; LATTMAN-WELTMAN, F.; ROCHA, D. *Eles mudaram a imprensa: depoimentos ao CPDOC*. Rio de Janeiro: Editora FGV, 2003.

ABREU, João Batista de. As manobras da informação: análise da cobertura jornalística da luta armada no Brasil (1965-1979). Niterói: EdUFF; Rio de Janeiro: Mauad, 2000.

ALBUQUERQUE, Afonso. *A modernização autoritária do jornalismo no* Brasil (1950-2020). Curitiba: Appris, 2022.

ALBUQUERQUE, Afonso; HOLZBACH, Ariane D. Metamorfoses do contrato representativo: jornalismo, democracia e os manuais da redação da Folha de S.Paulo. *Comunicação, Mídia e Consumo*, v. 5, n. 14, p. 149-170, nov. 2008.

BLASS, Suzana; BERTOL, Rachel. *Memória de repórter: lembranças, casos e outras histórias de jornalistas brasileiros*. Rio de Janeiro: Verso Brasil, 2010.

BONSANTO, André. *O presente da memória: uso do passado e as (re) construções de identidade da Folha de S.Paulo, entre o 'golpe de 1964' e a 'ditabranda'*. Jundiaí: Paco Editorial, 2014.

BONSANTO, André. *A verdade dita é dura: jornalismo, história e ditadura militar no Brasil (do golpe de 1964 à Comissão Nacional da Verdade)*. São Paulo: Dialética, 2021.

BONSANTO, André. Um Jornal a Serviço de Si: tradições (re)inventadas nos 100 anos da Folha de S.Paulo. *Estudos em Jornalismo e Mídia*, v. 19, n. 2, jul./dez. 2022.

CAMPOS JR., Celso et al. *Nada mais do que a verdade: a extraordinária história do jornal Notícias Populares*. São Paulo: Correnho Editorial, 2002.

CAMPOS, P. H. P.; BRANDÃO, R. V.; LEMOS, R. L. (Orgs.) *Empresariado e ditadura no Brasil*. Rio de Janeiro: Consequência, 2020.

COMPARATO, F. K. Compreensão histórica do regime empresarial-militar brasileiro. *Instituto Humanitas Unisinos*, v. 12, n. 12, p. 5-25, 2014.

CONTI, Mario Sérgio. *Notícias do Planalto: a imprensa e Fernando Collor*. São Paulo: Companhia das Letras, 1999.

CRENZEL, Emilio. *A memória dos desaparecimentos na Argentina: a história política do Nunca Más*. São Paulo: Letra e Voz, 2020.

DANTAS, Audálio. *As duas guerras de Vlado Herzog — Da perseguição nazista na Europa à morte sob tortura no Brasil*. Rio de Janeiro: Civilização Brasileira, 2012.

DINES, Alberto. Entrevista a Alzira Alves de Abreu e Fernando Lattman-Weltman em 3 e 29 de dezembro de 1997. In: ABREU et al. *Eles mudaram a imprensa*. Rio de Janeiro: Editora FGV, 2003.

DOCKHORN, Gilvan Veiga. *Quando a ordem é segurança e o progresso é desenvolvimento 1964-1974*. Porto Alegre: EDIPUCRS, 2002.

DREIFUSS, René Armand. *1964: a conquista do Estado — ação política, poder e golpe de classe*. Petrópolis: Vozes, 1981.

FRANCFORT, Elmo. *Av. Paulista, 900: a história da TV Gazeta*. São Paulo: Imprensa Oficial, 2010.

FRANCO, Marina. La "teoría de los dos demonios": un símbolo de la posdictadura en la Argentina. *Contra corriente*, v. 11, n. 02, p. 22-52, 2014.

FREI BETTO. *Batismo de sangue: Guerrilha e morte de Carlos Marighella*. Rio de Janeiro: Rocco, 2006.

FRIAS FILHO, Otávio. Entrevista a Alzira Alves de Abreu e Fernando Lattman-Weltman em 8 de dezembro de 1997. In: ABREU et al. *Eles mudaram a imprensa*. Rio de Janeiro: Editora FGV, 2003.

GASPARI, Elio. *A ditadura escancarada*. São Paulo: Companhia das Letras, 2002.

GASPAROTTO, Alessandra. *O terror renegado: a retratação pública de integrantes de organizações de resistência à ditadura civil-militar no Brasil (1970-1975)*. Rio de Janeiro: Arquivo Nacional, 2012.

HOFMANN, Yasmine. *A vanguarda da modernização. A Folha de São Paulo e os mil dias que abalaram o jornalismo*. Anais do XXXVI Congresso Brasileiro de Ciências da Comunicação — Intercom. Manaus, 2013.

HONS, André Séguin des. *Le Brésil-Presse et Histoire (1930-1985)*. Paris: Hartmattan, 1985.

HUGGINS, Martha K. *Polícia e Política: relações Estados Unidos/América Latina*. São Paulo: Cortez, 1998.

KUCINSKI, Bernardo. *A síndrome da antena parabólica: ética no jornalismo brasileiro*. São Paulo: Editora Fundação Perseu Abramo, 1998.

KUSHNIR, Beatriz. *Cães de Guarda: Jornalistas e censores, do AI-5 à Constituição de 1988*. São Paulo: Boitempo, 2004.

LARANGEIRA, Álvaro Nunes. *A mídia e o regime militar.* Porto Alegre: Sulina, 2014.

MELO, Demian. Ditadura civil-militar? Controvérsias historiográficas sobre o processo político brasileiro no pós-64 e os desafios do tempo presente. *Espaço plural*, n. 27, p. 39-53, 2012.

MENESES, Sônia. *Operação midiográfica: o golpe de 1964 e a Folha de S.Paulo*. São Paulo: Intermeios, 2016.

MONTEIRO, Karla. *Samuel Wainer: o homem que estava lá*. São Paulo: Companhia das Letras, 2020.

MOTA, Carlos Guilherme; CAPELATO, Maria Helena. *História da Folha de S.Paulo (1921-1981)*. São Paulo: Impress, 1981.

MOTTA, Rodrigo Patto Sá. Modernizando a repressão: a Usaid e a polícia brasileira. *Revista Brasileira de História*, v. 30, n. 59, p. 237-266, 2010.

MOTTA, Rodrigo Patto Sá. *As universidades e o regime militar: cultura política brasileira e modernização autoritária*. Rio de Janeiro: Zahar, 2014.

MOYA, Álvaro de. *Glória in Excelsior: ascensão, apogeu e queda do maior sucesso da televisão brasileira*. São Paulo: Imprensa Oficial, 2010.

ORTIZ, Renato. *A moderna tradição brasileira: cultura brasileira e indústria cultural*. 2 ed. São Paulo: Editora brasiliense, 1989.

PASCHOAL, Engel. *A trajetória de Octavio Frias de Oliveira*. São Paulo: Publifolha, 2007.

PEDRETTI, Lucas. Silêncios que gritam: apontamentos sobre os limites da Comissão Nacional da Verdade a partir do seu acervo. *Revista do Arquivo*, v. 5, p. 62-76, 2017.

PILAGALLO, Oscar. *História da imprensa paulista: jornalismo e poder de D. Pedro I a Dilma*. São Paulo: Três Estrelas, 2012.

PINTO, Ana Estela de Sousa. *Folha (Folha explica)*. São Paulo: Publifolha, 2012.

POLITI, Maurice. *Resistência atrás das grades*. Rio de Janeiro: Garamond, 2014.

QUINALHA, Renan Honório. Com quantos lados se faz uma verdade? Notas sobre a Comissão Nacional da Verdade e a 'teoria dos dois demônios'. *Revista Jurídica da Presidência*, v. 15, n. 105, fev./maio 2013, p. 181-204.

RIBEIRO, Ana Paula Goulart. *Modernização e concentração: a imprensa carioca nos anos 1950-1970*. In: NEVES, Lucia Maria Bastos P.; MOREL, Marco; FERREIRA, Tania Maria Bressone P. *História e imprensa: representações culturais e práticas de poder*. Rio de Janeiro: DP&A, 2006.

RIBEIRO, Ana Paula Goulart; SACRAMENTO, Igor; ROXO, Marco (Orgs.). *História da Televisão no Brasil*. São Paulo: Contexto, 2010.

ROXO, Marco. *Companheiros em luta: a greve dos jornalistas de 1979*. Niterói: EdUFF, 2013.

SEQUEIRA, Cleofe Monteiro de. *A informação comprometida: um estudo do noticiário da Folha da Tarde no Governo Médici*. Dissertação de Mestrado em Comunicação. São Paulo: ECA-USP, 2000.

SILVA. Carlos Eduardo Lins da. *Mil dias: seis mil dias depois*. São Paulo: Publifolha, 2005.

SILVA, Juremir M. *1964. Golpe midiático-civil-militar*. Porto Alegre: Sulina, 2014.

SMITH, Anne-Marie. *Um acordo forçado: o consentimento da imprensa à censura no Brasil*. Rio de Janeiro: Editora FGV, 2000.

TASCHNER, Gisela. *Folhas ao vento: análise de um conglomerado jornalístico no Brasil*. São Paulo: Paz e Terra, 1992.

TOLEDO, Caio Navarro de. Crônica política sobre um documento contra a "ditabranda". *Rev. Sociol. Polit*, n. 17, v. 34, out. 2009.

VERBITSKY, Horacio; BOHOSLAVSKY, Juan Pablo. *Cuentas pendientes: los cómplices económicos de la dictadura*. Buenos Aires: Siglo Veintiuno Editores, 2013.

AGRADECIMENTOS

Muitas pessoas nos ajudaram na realização deste livro. Segue o nome de algumas delas, listadas em ordem alfabética: Adriano Diogo, Alessandra Gasparotto, Alvaro de Azevedo Gonzaga, Amauri Alves Filho, Amélia Teles, Amparo Araújo, Ana Luisa Zaniboni Gomes, Andre Ota, André Queiroz, Andre Manfrim, Angélica Müller, Antonio Carlos Fon, Antônio Henrique Lago, Arlete Lopes Diogo, Artur Scavone, Augusto Petta, Boris Casoy, Camilo Tavares, Carla Luciana Silva, Carla Osmo, Carlos Alberto Junior, Carlos Amaral Baptista, Celso Horta, Cesar Castiglioni, Chaim Litewski, Chizuo Osava, Christina Ferraz Musse, Cid Benjamin, Denise Santana Fon, Edmundo Moraes, Edson Teixeira da Silva Junior, Edson Teles, Fernando Sarti Ferreira, Francisco Carlos de Andrade, Frei Betto, Gabriela Furia, Gabriela Isaias, Gabriel Sayad, Guiomar Lopes, Gyssele Mendes, Hamilton Pereira da Silva, Ivan Seixas, Jair dos Santos, James Green, Janaína Lopes Diogo, Javier Amadeo, João Batista Cardoso, Jorge Araújo, Jorge Fidelino, Jorge Isaac, Jorge José Melo, Jorge Okubaro, José Luiz Proença, José Maria dos Santos, José Vidal Pola Galé, Lino Bocchini, Luís Nassif, Luiz Eduardo Greenhalgh, Marcelo Auler, Marcelo

Bombarda, Marcelo Godoy, Marcia Fernandes, Marcial Ribeiro dos Santos Filho, Marcos Vinicio Fernandes dos Santos, Maria Carolina Bissoto, Maria Cláudia Badan Ribeiro, Maria José Braga, Mariana Joffily, Marília Calazans, Marília Guimarães, Mario Jun, Marival Chaves do Canto, Mauro Martins, Miguel Breyton Silva, Mônica Mourão Pereira, Naief Haddad, Nashla Dahás, Nelson Moreira, Oswaldo Luiz "Colibri" Vitta, Paulo Frateschi, Paulo Jeronimo, Renato Khair, Ricardo Calil, Ricardo Kotscho, Ricardo Mello, Regina Festa, Rose Nogueira, Rodrigo Vianna, Rubens Glasberg, Rui Falcão, Sérgio Gomes da Silva, Sergio Sister, Sebastião Ferreira da Silva, Sebastião Neto, Sergio Malta, Suzana Lisboa, Tania Mendes, Thiago Tanji, Tomas Pereira de Almeida Silva, Tonico Ferreira, Vasconcelo Quadros, Vicente Alessi Filho, Victor Gentilli, Victoria Basualdo, Vilma Amaro, Vinícius Pacheco, Vladia Violante e Wianey Pinheiro.

Gostaríamos de fazer um agradecimento especial ao Fernando Honorato, que fez parte da nossa equipe como consultor jurídico. Seus comentários, conselhos e apoio foram fundamentais para a realização do nosso trabalho.

SOBRE AS AUTORAS E OS AUTORES

ANA PAULA GOULART RIBEIRO é jornalista e historiadora. Professora da Escola de Comunicação e do Programa de Pós-Graduação em Comunicação e Cultura da Universidade Federal do Rio de Janeiro (UFRJ), é especialista em memória e história da mídia. Foi coordenadora do projeto "Responsabilidade de empresas por violações durante a ditadura: o caso Folha".

AMANDA ROMANELLI é historiadora, mestre e doutoranda em História Social pela Pontifícia Universidade Católica de São Paulo (PUC-SP), e formada em jornalismo pela Faculdade Cásper Líbero. Trabalha com os temas de imprensa, história e memória no Brasil contemporâneo.

ANDRÉ BONSANTO é historiador, professor e doutor em comunicação. Foi analista de pesquisa da Comissão Nacional da Verdade, e investiga as relações entre a imprensa escrita e a ditadura militar no Brasil, tendo como foco a Folha de S.Paulo. É autor dos livros "O presente da memória: usos do passado e as (re)construções de identidade da Folha de S. Paulo, entre o golpe de 1964 e a 'ditabranda'" (Paco Editorial, 2014) e "A verdade dita é dura: jornalismo, história e ditadura militar no Brasil (do golpe de 1964 à Comissão Nacional da Verdade)" (Dialética, 2021).

FLORA DAEMON é jornalista e professora da Universidade Federal Rural do Rio de Janeiro (UFRRJ) e do Programa de Pós-Graduação em Cultura e Territorialidades da Universidade Federal Fluminense (UFF). É autora do livro "Sob o signo da infâmia" (Garamond/Faperj, 2014) e foi pesquisadora da Fundação Biblioteca Nacional, onde desenvolveu pesquisa acerca da formação do Comando Vermelho no contexto da ditadura civil-militar brasileira e em interface com a imprensa.

JOËLLE ROUCHOU é jornalista pela Pontifícia Universidade Católica do Rio de Janeiro (PUC-Rio), mestre em Comunicação e Cultura pela Universidade Federal do Rio de Janeiro (UFRJ), doutora em Comunicação e Cultura pela Universidade de São Paulo (USP), com pós-doutorado no Programa de Pós-Graduação em História Social da Cultura, da PUC-Rio. Atualmente é professora do Programa de Pós-Graduação em Memória e Acervo da Fundação Casa de Rui Barbosa. É autora dos livros "Noites de verão com cheiro de jasmim" (FGV, 2008), e "Samuel: duas vozes de Wainer" (UniverCidade, 2003) e coautora, com Lúcia Blanc, de "Memórias de Ipanema" (SMC, 1995).

LUCAS PEDRETTI é historiador e doutor em sociologia. Pesquisador de pós-doutorado no Instituto de Estudos Sociais e Políticos da Universidade do Estado do Rio de Janeiro (IESP/UERJ) e professor de história do ensino básico, é coordenador da Coalizão Brasil por Memória, Verdade, Justiça e Reparação. Autor de "Dançando na mira da ditadura: bailes soul e violência contra a população negra nos anos 1970" (Arquivo Nacional, 2022) e "A transição inacabada: direitos humanos e violência de Estado na redemocratização" (Companhia das Letras, 2024).

1ª edição	novembro 2024
1ª reimpressão	maio 2025
impressão	viena
papel miolo	pólen bold 90g/m²
papel capa	cartão triplex 300g/m²
tipografia	spinoza e bebas neue